아기자기하다

깜찍하다

귀엽다

사랑스럽다

감각적이다

멋지다

색다르다

과감하다

...

....

......

..

....

....

그래서 갖고 싶다

나는 오사카로 간다

호시탐탐
오사카 쇼핑

초판 1쇄 | 2012년 7월 19일

글과 사진 | 안혜선

발행인 | 유철상
책임편집 | 임지선
디자인 | 我tom
교정·교열 | 임지선

펴낸 곳 | 상상출판
주소 | 서울시 동대문구 용두동 790 롯데캐슬 피렌체 3층 306호
구입·내용 문의 | 전화 070-8886-9892~3 팩스 02-963-9892
홈페이지 | www.esangsang.co.kr
등록 | 2009년 9월 22일(제305-2010-02호)

※가격은 뒤표지에 있습니다.
ISBN 978-89-94799-30-8(13980)

ⓒ 2012 안혜선
※이 책은 상상출판이 저작권자와의 계약에 따라 발행한 것이므로
  본사의 서면 허락 없이는 어떠한 형태나 수단으로도 이용하지 못합니다.
※잘못된 책은 구입하신 곳에서 바꿔드립니다.

호시탐탐
오사카 쇼핑

상상출판

우메다
골목골목 소담하게 숨어 있는 작은 숍들을 찾아내는 기쁨

도구야스지
빨간 등, 빨간 우산이 뱅글뱅글. 일본스러움이 넘치는 메이드 인 재팬

미도스지도리
도시의 오아시스, 노곤노곤 기분 좋은 노천온천

어디였더라
허름한 슬레이트 벽에 꾸며진 소박한 정원의 기억

신사이바시스지
상점가가 떠나갈 정도로 목청껏 손님을 부르던 점원

쿠로몬 시장
연기 자욱한 선술집의 따뜻한 이야기

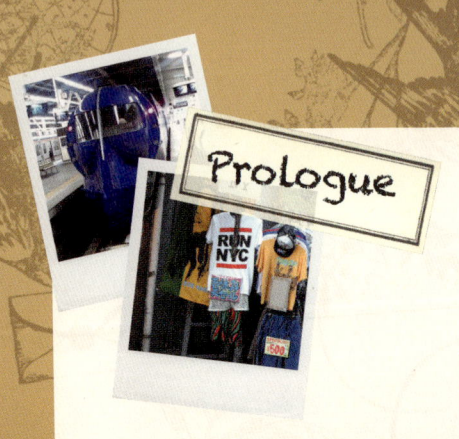

Prologue

삐침머리에 무쇠다리를 하고 날개도 없이 하늘을 날며 우주를 지키는 소년 아톰. 로봇임에도 사람의 감성을 가지고 있는 아톰을 통해 데즈카 오사무를 알게 되었고, 그러면서 자연스럽게 만화의 천국 일본을 알게 되었다.

수년 동안은 도쿄가 일본의 전부라고 여기며 도쿄로만 드나들었고, 그 뒤에 배 타는 재미에 빠져 한동안 후쿠오카를 제집 드나들듯 했다. 그리고 지금, 내 마음 한가운데에는 오사카가 콕 들어와 박혀 있다.

일본 제2의 도심임에도 도쿄만큼 대접받지 못해 속상해하는 오사카는 상업도시답게 다양한 볼거리와 먹거리, 쇼핑거리가 넘쳐나는 곳이다. 우리나라에서 비행기로 겨우 2시간, 게다가 저가항공의 등장으로 일본을 좋아하고 쇼핑을 좋아하는 여행자에게 오사카는 최고의 장소가 되었다.

여행을 가면 늘 쇼핑은 뒷전으로 하고 보는 일과 먹는 일을 최고로 치던 나지만 유독 오사카에 가면 지갑이 술술 열린다. 그렇게 수십 번을 드나들며 발견한 알짜 숍과, 주변에 꼭 알려주고 싶은 소중한 숍들을 수첩에 적고 사진을 찍으며 이 책이 시작되었다.

이 책에서는 오사카의 대표적인 쇼핑타운과 쇼핑골목을 소개하고 구역별로 'point shop'들을 콕 짚어 상세한 정보를 소개했다. 쇼핑객이라면 누구나 눈을 반짝이게 되는 아울렛도 많아서 오사카는 그야말로 쇼핑의 보물창고다. 책에 소개된 아울렛을 통해 질 좋은 제품을 저렴하게 구입할 수 있다면 금상첨화겠다.

여유로운 쇼핑 여행자라면 무작정 걸어보는 것도 좋다. 오사카의 좁고 기다란 골목들은 색색의 크레파스처럼 다채로운 삶의 빛깔을 숨겨두고 있다. 우연히 걷다 발견한 그 골목 그 집에서 소박한 감동을 받게 될지도 모른다.

도톤보리의 밤은 네온사인으로 화려하게 수놓아져 외로운 여행자마저 들뜨게 한다. 끝이 보이지 않는 긴 아케이드 상점가에서 빼꼼히 바라보는 마네키네코들이 가슴을 두드리며 걸음을 재촉한다. 저녁이 되면 붉은 등 아래서 술 한잔 걸치며 낯선 사람과 친구가 되어도 좋은, 오사카는 그런 곳이 아닐까?

무작정 지하철에서 내려 낯선 골목에 들어서더라도 아담하고 사랑스러운 숍들을 만날 수 있고 지나가는 내게 편안한 눈인사를 건네 온다. 일상의 스트레스를 내려놓고 쇼핑에 흠뻑 취하고 싶다면 지금 당장 커다란 트렁크에 간단한 짐을 꾸려 오사카로 쇼핑 여행을 떠나보자.

♥ thanks for you

촬영금지 표시가 대문짝만 하게 붙어 있는 숍과 쇼핑몰을 보면서 좌절도 여러 번. 몰래몰래 눈치 보며 도둑촬영을 하고, '찰칵' 소리에 얼굴 붉어지고, 숍 주인의 꾸지람에 무안해하고……. 이 책에는 그런 모습들이 고스란히 담겨 있습니다. 나의 게으름과 독감으로 진행이 어려웠음에도 시간을 쪼개어 함께해준 박 작가님과 임지선 에디터님, 조용한 카리스마로 진행에 박차(!)를 가하셨던 상상출판 대표님 그리고 〈더레인보우〉 식구들, 여행길 함께해준 수다 파트너 쨍, 모두모두 감사하는 마음을 전합니다.

이 책을 보는 방법

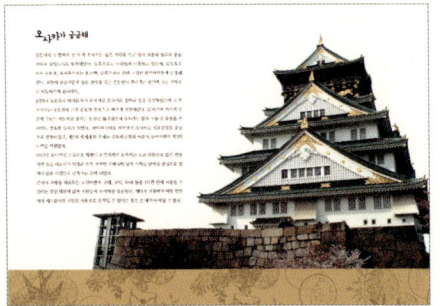

오사카가 궁금해
여행을 떠나기 전 그 나라에 대한 정보를 미리 숙지하고 가는 것이 좋다. 그래야 실수 없이 즐거운 여행을 할 수 있다.

오사카 베스트 4
오사카에 가면 꼭 즐겨야 할 음식, 명소, 풍경, 쇼핑, 이색거리, 근교 나들이 등 여섯 가지 이야기를 화보로 미리 만나본다.

오사카 쇼핑 추천 코스
여섯 가지의 다양한 추천 코스를 통해 더욱 알차고 알뜰하게 쇼핑하는 방법을 알려주고 계획없이 간 여행의 길잡이가 되어 준다.

렛츠 고 오사카
여행을 떠나기 전 준비 과정과 공항에서의 입출국 심사 과정을 간략하게 소개한다. 또한 오사카에서 활용도 높은 교통패스에 대해 소개한다.

핵심 쇼핑숍 소개
오사카의 핵심 쇼핑지역인 우메다, 미나미, 베이에어리어의 쇼핑몰 소개와 아울렛, 프리마켓에 관한 정보가 담겨 있다.

오사카 시티 투어
오사카 시내의 대표 관광명소들을 소개한다. 쇼핑에 많은 에너지를 소비했다면 가까운 명소에 들러 충전하도록 하자.

근교 나들이
고베, 나라, 교토, 고야산 등 간사이 지역의 관광 명소를 소개한다.

이야기의 순서

Prologue … 10
이 책을 보는 방법 … 12
오사카가 궁금해 … 18
오사카 베스트 4 … 22
   음식 / 명소 / 풍경 / 쇼핑 / 이색 거리 / 근교 나들이
오사카 쇼핑·관광 추천 코스 … 34
쇼핑 목록 다이어리 … 44
Let's Go OSAKA … 46
   여행준비 / 출입국수속 / 여행필수품, 패스
지도 … 58
   우메다 / 미나미 오사카

1. 오사카 쇼핑 포인트, 우메다 지역 … 60
한큐3번가, 한큐백화점, 한신백화점 … 62
헵 파이브, 헵 나비오, 한큐 히가시도리 상점 … 69
에스토, 로프트 … 77
화이티 우메다, 디아모르 오사카, 이마 … 82

2. 오사카 잡화 공장, 미나미 지역 … 86
남바 시티, 남바 파크스 … 88
남바, 신사이바시, 에비스바시 … 97
센니치마에 도구야스지 … 106
아메리카무라, 호리에 … 112
미나미센바 … 123
도톤보리, 쿠로몬 시장 … 130
덴덴타운 … 138

3. 항구도시로의 쇼핑, 베이에어리어 … 144
덴포잔 마켓플레이스 … 146
ATC 아시아 태평양 무역센터 … 149

4. 할인+할인=아울렛+프리마켓 … 154
아울렛 … 156
프리마켓 … 168

오사카 시티 투어

오사카 성 … 175
오사카역사박물관 … 176
오사카 시립 동양도자미술관, 오사카시 중앙공회당 … 177
오사카 국립국제미술관, 오사카 시립과학관 … 178
우메다 스카이 빌딩 공중정원 … 179
신가부키자 … 180
난바 힙스 … 180
시텐노지 … 181
텐노지 공원 … 182
쓰텐카쿠 … 183
신세카이, 잔잔요코초 … 184
스파월드 세카이노다이온센 … 185
가이유칸 … 186
산토리 뮤지엄 … 187
산타마리아 … 187
WTC 코스모스타워 … 188
스포토로지 갤러리 … 189
나니와 바다 시공관 … 189
유니버설 스튜디오 재팬 … 190

오사카 근교 나들이 … 192

낯선 도시로의 로맨틱 여행, 고베 … 195

산노미야 … 197
키타노 / 모에기노야카타 / 키타노마치 광장 / 카자미토리노야카타 / 키타노텐만 신사 / 카오리노이에오란다칸 / 덴마크관 / 빈 오스트리아의 집 / 구 새슨 저택 / 야마테하치반칸 / 우로코노이에 / 키타노 외국인 클럽 / 이탈리아관 / 구 중국 영사관 / 영국관 / 프랑스관 / 벤의 집 / 라인노야카타 / 고베 키타노 미술관 / 구 파나마 영사관 / 토어로드 타루코야 / 고베 시청 전망대 / 효고 현립 미술관

베이에어리어 … 213
메디테라스 / 모토마치 상점가 / 난킨마치 / 구 거류지 / 고베 포트 타워 / 유람선 / 스프래시 고베 / 고베 하버 랜드 / 모자이크 가든 / 고베 루미나리에 / 철인 28호

아리마온센 … 221
아리마 강 / 아리마 완구 박물관 / 킨노유 온천 / 텐진 원천 / 긴노유 온천 / 탄산 원천

히메지 … 226
히메지 성 / 효고현립역사박물관 / 히메지시립미술관 / 히메지 문학관

천 년의 역사 속 시간 여행, 교토 … 233

교토역 인근 … 235
JR 교토역 / 교토 테즈카 오사무 월드 / 교토타워 / 히가시혼간지 / 니시혼간지 / 토지 / 뵤도인 / 토후쿠지

교토 서부 … 242
교토 국제 만화 박물관 / 니죠죠 / 교토교엔 / 교토고쇼 / 킨카쿠지 / 료안지 / 닌나지 / 묘신지

히가시야마 일대 … 250

교토 국립 박물관 / 산쥬산겐도 / 기요미즈데라 / 산넨자카, 니넨자카 / 기온

긴카쿠지 주변 … 255

오카자키 공원 / 헤이안진구 / 긴카쿠지 / 철학의 길

교토 북부 … 259

카미가모 신사 / 시모가모 신사

아라시야마 … 262

토게츠쿄 / 텐류지 / 치쿠린

사슴과 함께 하는 산책길, 나라 … 267

호류지 … 269

호류지

나라 공원 … 272

산죠도리 상점가 / 사루사와 연못 / 코후쿠지 / 나라 현청 전망실 / 나라 공원 / 나라 국립 박물관 / 토다이지 / 남대문 다이부츠덴 / 니가츠도 / 카스가타이샤

니시노쿄 … 280

헤이죠큐 유적 / 토쇼다이지 / 야쿠시지

신이 허락한 명산, 고야산 … 285

고야산 … 287

다이몬 / 단죠가란 / 콘고부지 / 오쿠노인 / 도쿠가와 가문 영묘 / 여인당

오사카가 궁금해

일본에서 두 번째로 큰 도시 오사카는 넓은 바다를 끼고 있어 교통과 물류의 중심지이자 상업도시로 발전해왔다. 동쪽으로는 나라현과 이웃하고 있으며, 북동쪽으로는 교토부, 북서쪽으로는 효고현, 남쪽으로는 귤의 고장인 와카야마현에 인접해 있다. 교통의 중심지답게 일본 전역을 잇는 신칸센이 지나가는 곳이며 다른 지역으로 이동하기에 편리하다.

1583년 도요토미 히데요시가 본거지를 오사카로 정하고 성을 축성하였으며 그 후 오사카는 상공업과 근대 공업의 발전으로 빠르게 성장해갔다. 17세기에 이르러 일본의 수도는 에도라고 불리는 도쿄로 옮겨졌으며 오사카는 물자 수송 및 유통을 관리하는 중요한 도시가 되었다. 메이지시대를 거치면서 오사카는 섬유공업을 중심으로 발전하였고, 제2차 세계대전 후에는 중화학공업의 비중이 높아지면서 제2의 도약을 이뤄냈다.

2001년 유니버설 스튜디오 재팬이 오픈하면서 오사카는 도쿄 다음으로 많은 관광객이 찾는 대도시가 되었고 북쪽 지역인 우메다와 남쪽 지역인 남바를 중심으로 언제나 많은 사람들로 넘쳐나는 곳이 되었다.

간사이 지방을 대표하는 도시이면서 고베, 교토, 나라 등을 1시간 안에 이동할 수 있다는 장점 때문에 많은 사람들이 오사카를 방문한다. 게다가 교통비가 비싼 일본에서 패스 없이도 저렴한 비용으로 움직일 수 있다는 것은 큰 매력이 아닐 수 없다.

오사카는 또 다른 도약을 꿈꾸며 새로운 지역 개발에 박차를 가하고 있다. 바다에 인접한 오사카에서 빼놓을 수 없는 곳이 베이에어리어의 덴포잔 지역이다. 바다를 중심으로 한 다양한 체험공간과 시설, 주변 지역을 중심으로 개발되는 새로운 관광지를 기대해봐도 좋을 것 같다.

오사카의 주요 축제

도카에비스

상업의 도시 오사카에서 펼쳐지는 상인들을 위한 축제로, 3일 동안 행사가 열린다. 축젯날에는 에비스 신이 들고 있는 도미, 옛날 동전, 쌀가마 등을 본떠 장식한 복조리를 판매하는데 재물복과 상업번창을 기원하는 마음을 담고 있다.

일정 : 1월 9일~11일
위치 : 이마미야에비스진자, 호리카와에비스진자
교통 : 지하철 에비스초역 5번 출구에서 도보 7분

텐진마츠리

오사카의 천신제인 텐진마츠리는 도쿄의 간다마츠리, 교토의 기온마츠리와 함께 일본의 3대 축제 중 하나로, 오사카를 대표하는 여름축제다. 사공들이 공들여 제작한 배를 신사에서 강으로 옮겨 의식을 치르는데, 등불을 장식한 100여 척의  배가 강을 메우는 모습이 장관이다. 매년 100여 명의 인파가 몰려든다. 배를 제작하고 도톤보리 강을 순회하는 페레이드는 시민들의 자발적인 참여로 이루어진다. 밤에는 화려한 불꽃놀이가 펼쳐진다.

일정 : 7월 24일~25일
위치 : 오사카텐만구
교통 : 지하철 미나미모리마치역 4S출구에서 도보 2분

미도스지 퍼레이드

오사카 시내를 관통하는 대표 거리인 미도스지에서 펼쳐지는 행사로 1983년부터 시작되었다. 일본뿐 아니라 해외 참가팀들이 춤과 아트 퍼포먼스 등을 펼치는데 볼거리가 많아 해마다 축제의 규모가 커지고 있다. 거리 곳곳마다 꾸며진 축제 구역에서 다양한 행사가 펼쳐진다. 축제에 한 일원이 되어 직접 참여할 수 있는 공간들이 제공되어 오사카를 찾는 모든 사람들에게 기억에 남는 순간을 만들어준다.

일정 : 10월 둘째주 일요일
위치 : 오사카 시청에서 남바까지 미도스지 도로 일대
교통 : 지하철 남바역 14, 25번 출구에서부터

오사카 빛의 르네상스

물의 도시 오사카 심벌 나카노시마 일대를 빛과 음악으로 연출하는 오사카 빛의 르네상스는 2003년부터 시작되었다. 횟수가 거듭될수록 그 화려함은 더해지고 해마다 관광객 수가 늘어나 작년에는 300만 명 이상의 관광객이 찾아왔다고

한다. 아름다운 조명과 함께 어우러지는 음악이 환상적이며 모든 사람의 마음을 들뜨게 한다.

일정 : 12월 1일~26일
위치 : 나카노시마 일대
교통 : 지하철 요도바시역 1번 출구에서 바로

"구이다오레~" 오사카 음식 4

오코노미야키

일본식 빈대떡이라고 하면 딱 어울리는 오코노미야키는 밀가루 반죽에 고기, 야채, 떡, 국수, 해산물 등 원하는 재료를 넣고 철판에 부쳐 먹는 음식이다. 오사카에서 먹기 시작한 음식으로 오사카에 가면 꼭 먹고 와야 후회가 없다. 맥주와 함께 먹으면 금상첨화다.

구시카쓰

고기, 야채, 해물을 기다란 꼬치에 꽂고 보들보들한 빵가루를 입혀 튀겨낸 구시카쓰는 맥주와 잘 어울리는 음식이다. 기름에 튀겨 느끼할 거라 생각하지만 찍어 먹는 소스가 있어 걱정 없다. 오사카 태생인 구시카쓰 역시 오사카 샐러리맨들에게는 대표적인 술안주로 사랑받고 있다.

라멘

먹을 때는 짜고 느끼하지만 다 먹고 뒤돌아서면 금세 생각나는 것이 일본 라멘의 특징이다. 오사카 도톤보리에는 다양한 라멘 가게들이 1년 365일 여행객을 끌어들인다. 진하고 고소한 라멘 국물은 인스턴트로는 느낄 수 없는 오묘한 맛이다.

타코야키

동글동글한 반죽 안에 어른 엄지손가락 크기만 한 문어가 들어 있는 타코야키는 가격도 저렴하여 간식으로 그만이다. 한입 베어 물면 잇속까지 그 뜨거움이 전달되지만 타코야키의 쫀득함과 고소함에 녹아내린다. 타코야키 역시 오사카에서 처음 먹기 시작한 음식으로, 오사카에 왔으니 본고장의 맛을 즐겨보자.

오사카 성

말이 필요없는 오사카의 대표 심볼인 오사카 성. 우리에겐 봄의 벚꽃놀이 풍경으로 TV에 자주 소개되어 익숙한 곳이기도 하다. 천수각은 일본 중요 문화재로 지정되어 있으며 사계절이 모두 아름다워 많은 사람들의 쉼터가 되는 곳이다.

"여긴 보고 가야지!" 오사카 명소 4

시텐노지

일본 최초의 절인 시텐노지는 일본 초기의 불교 미술과 건축양식을 볼 수 있는 곳이다. 일본의 중요 문화재로 지정되어 있으며 언제나 많은 참배객들로 경내가 북적인다.

유니버설 스튜디오 재팬

어린이를 동반한 가족이라면 빠져서는 안 되는 오사카 필수 코스 유니버설 스튜디오. 영화를 주제로 한 테마파크로 흥미진진한 어트랙션과 다양한 볼거리들이 우리를 설레게 한다. 저녁에 펼쳐지는 화려한 퍼레이드는 유니버설 스튜디오의 대미를 장식한다.

가이유칸

일본에서 가장 큰 수족관이며 규모 면에서는 세계 최고급에 속하는 오사카의 대표 명소이다. 특히 나이 드신 부모님과 어린이를 동반한 여행객들에게 추천한다. 14개로 나뉜 수족관에서 다양한 생물을 접할 수 있다.

도톤보리

마라톤하는 아저씨 글리코 간판이 우뚝 서 있는 도톤보리 강가는 세계 각국에서 온 많은 여행객들로 붐빈다. 낮엔 낮대로 밤엔 밤대로 여러 번 옷을 갈아 입는 도톤보리, 상업도시인 오사카를 제대로 볼 수 있는 곳으로 인증샷을 찍는 대표 장소이다.

"탁 트인 바다와 숨막히는 야경!" 오사카 풍경 4

덴포잔 대관람차

세계 최대 규모를 자랑하는 대관람차에서 일본만의 전경에 빠져보도록 하자. 날씨가 좋은 날에는 멀리 간사이공항과 아카시해협대교까지 볼 수 있다고 하니 그 규모가 짐작되고도 남는다.

WTC코스모스타워

우메다 스카이 빌딩과 마찬가지로 360도로 펼쳐지는 아름다운 일본만을 조망할 수 있는 곳이다. 탁 트인 바다를 보면서 사랑하는 이들에게 엽서 한 장 띄워보는 건 어떨까.

우메다 스카이 빌딩

공중에 떠 있는 듯한 우메다 스카이 빌딩의 공중정원은 야경이 아름다운 곳이다. 검푸른 종이 위에 금가루를 뿌린 듯 반짝반짝 빛나는 모습이 로맨틱하다.

아메리카무라

구제 스타일로 한껏 멋을 낸 사람들과 힙합퍼로 언제나 활기 넘치는 젊음의 거리 아메리카무라. 저렴한 가격이 매력적이며 오사카 젊은이들의 현재를 볼 수 있다. 특히 남성을 위한 숍들이 많아 패션에 관심이 많은 남성 쇼핑객에게는 최고의 장소이다.

"오사카 쇼핑 홀릭!" 오사카 쇼핑 4

로프트

일본 각지에 체인을 두고 있는 로프트는 생활 전반에 걸친 다양한 제품들을 취급하는 곳이다. 특히 간사이 지방에서 규모가 가장 큰 우메다 로프트에서 일본인들의 톡톡 튀는 아이디어 상품을 만나보자.

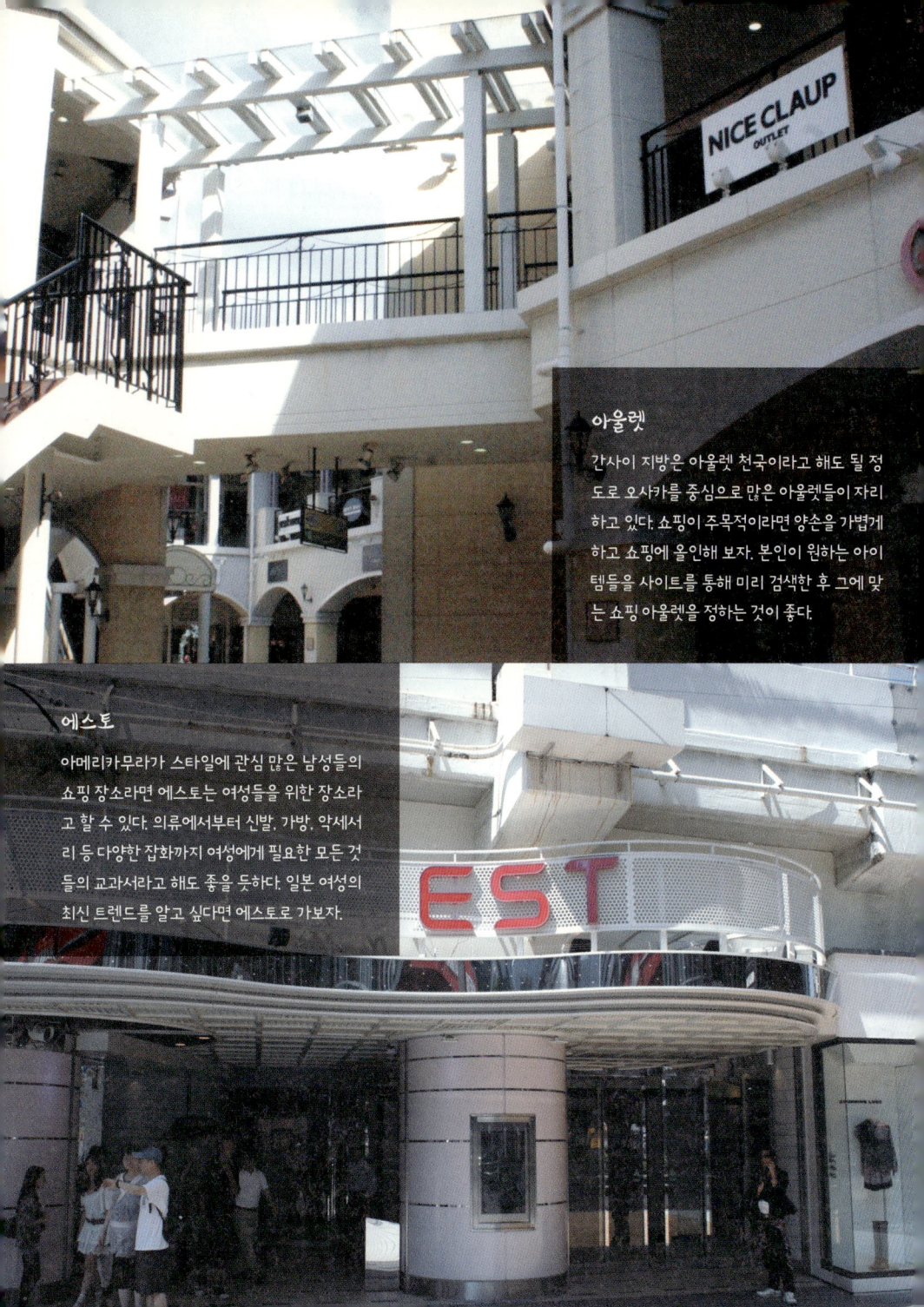

아울렛

간사이 지방은 아울렛 천국이라고 해도 될 정도로 오사카를 중심으로 많은 아울렛들이 자리하고 있다. 쇼핑이 주목적이라면 양손을 가볍게 하고 쇼핑에 올인해 보자. 본인이 원하는 아이템들을 사이트를 통해 미리 검색한 후 그에 맞는 쇼핑아울렛을 정하는 것이 좋다.

에스토

아메리카무라가 스타일에 관심 많은 남성들의 쇼핑 장소라면 에스토는 여성들을 위한 장소라고 할 수 있다. 의류에서부터 신발, 가방, 악세서리 등 다양한 잡화까지 여성에게 필요한 모든 것들의 교과서라고 해도 좋을 듯하다. 일본 여성의 최신 트렌드를 알고 싶다면 에스토로 가보자.

도구야스지

여성들에게 그릇은 가방 다음으로 사랑받는 품목이 아닐까. 메이드 인 재팬의 그릇을 100엔도 안 되는 가격에 만나볼 수 있으며 각종 주방 관련 도구들을 구경하는 재미가 쏠쏠하다.

"구경하는 재미가 쏠쏠~" 오사카 이색 거리 4

덴덴타운

일본스러움을 느낄 수 있는 덴덴타운에서는 관심 없던 미니어처에 나도 모르게 지갑이 열린다. 게임 속 캐릭터와 애니메이션의 사랑스러운 캐릭터들이 귀여움을 발산하며 지나가는 사람들에게 손짓한다.

신세카이

빈티지 골목이라고 하면 어울릴까? 신세카이는 옛스럽기도 하고 좀 촌스럽기도 하지만 왠지 모를 친근함이 있는 곳이다. 퇴근길 샐러리맨들이 꼬치구이에 술 한잔 기울이며 이야기꽃을 피우는 곳으로 남바역 도톤보리 주변의 화려한 분위기와는 다른 색다름을 간직하고 있다.

쿠로몬 시장

일본의 재래시장은 어떤 모습을 하고 있을까? 그것이 궁금하다면 쿠로몬 시장으로 가 보자. 우리나라 재래시장과 비슷하지만 시장 내의 대부분의 상점들이 오후 5시가 되면 파장을 한다. 값싸고 질 좋은 한 끼 식사를 기분 좋게 해결할 수 있는 쿠로몬 시장에는 덤이 있어 즐겁다.

고베

항구도시 고베에서 이국적인 풍경에 빠져보자. 외국인 거류지인 기타노이지칸은 독특한 볼거리를 제공한다. 일본에서도 손꼽히는 야경을 자랑하는 베이에어리어 지역은 늦은 저녁 산책 나온 사람들과 관광객들로 북적인다.

"Joyfull Joyfull~" 오사카 근교 나들이 4

교토

일본의 천 년 수도인 교토를 모르는 사람은 거의 없을 것이다. 유네스코 세계문화유산을 17점이나 보유하고 있는 교토는 오사카 여행 중 꼭 들려봐야 할 지역이다. 사계절 모두 아름답지만 벚꽃이 피는 봄을 추천한다.

나라

자연스럽게 길거리를 누비고 다니는 사슴들이 신기하기만 한 나라는 사슴공원으로 유명하다. 교토보다 더 이전에 도시국가를 설립한 곳으로 오랜 역사를 자랑한다. 세계 최대의 청동 불상과 세계 최초의 목조 건물인 도다이지가 있다.

히메지 성

하얀 백조의 성인 히메지 성은 유네스코 세계문화유산으로 지정된 곳이다. 일본에서 가장 완벽하게 보존된 성으로 그 조형미가 뛰어나다. 직접 가까이에서 보는 것보다 히메지 성 입구에서 보는 것이 가장 아름답다.

오사카 쇼핑·관광 추천 코스

Shopping

소요시간은 걷는 속도, 지하철, 열차, 버스 등 대중교통에 따라 개인차가 있음

1DAY 쇼핑 코스

한큐3번가 (우메다)

도보 7분

로프트

도보 10분

헵 파이브

나가호리 츠루미료쿠치센 카도마미나미역 하차 1시간 10분

마츠이 아울렛 파크

주오센 코스모스퀘어역에서 난코 포트타운센으로 환승, 트레이드센타마에 하차 1시간 30분

ATC 아시아 태평양 무역센터

주오센 혼마치역에서 미도스지센 환승, 신사이바시역 하차 25분

남바 파크스

도보 10분

신사이바시스지 상점가

오사카 쇼핑·관광 추천 코스 _ 35

2DAY 쇼핑 코스

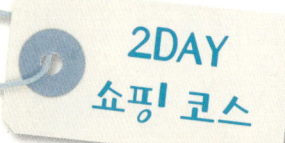

1day

로프트(우메다)

도보 10분 →

헵 파이브

도보 5분 →

한신, 한큐백화점

미도스지센 신사이바시역 하차 약 10분

호리에

← 도보 5분

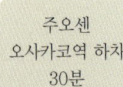

주오센 오사카코역 하차 30분

아메리카무라

덴포잔 마켓플레이스

신사이바시스지 상점가

난코 포트타운센 트레이드센타마에역 하차 15분

ATC 아시아 태평양 무역센터

도보 5분 →

WTC 코스모스타워

혼마치역에서 미도스지센 환승, 신사이바시역 하차 25분

쇼핑과 관광, 두마리 토끼 잡기

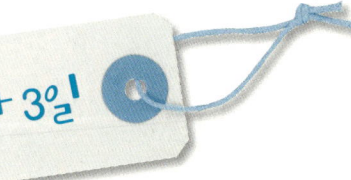

2박 3일

1day

오사카 성

주오센
오사카코역 하차
25분

아메리카무라

미도스지센
도브츠엔마에역 하차
13분

덴포잔 마켓플레이스

도보 5분

신세카이

도보 5분

가이유칸

미도스지센
신사이바시역 하차
20분

스파월드

2day

고베 산다
프리미엄 아울렛

공중정원

JR
우메다역 하차
약 1시간 30분

로프트

도보 10분

에스토

도보 2분

헵 파이브

3day

도구야스지

도보 5분

신사이바시스지
상점가

도보 5분

한큐 히가시도리
상점가

남바역
난카이센
약 50분

귀국하기

도보 20분

오사카 쇼핑·관광 추천 코스 _ 39

쇼핑과 관광, 리플레쉬~
3박 4일

1day

오사카 성

　다니마치센
　시텐노지마에역 하차
　10분

시텐노지

　미도스지센
　도부츠엔마에역 하차
　10분

쯔텐카쿠

　미도스지센
　남바역 하차
　20분

남바 파크스

도보 10분

신사이바시스지 상점가

도보 15분

아메리카무라

2day

유니버설 스튜디오

　JR 유메사키센,
　주오센
　오사카코역 하차
　25분

 덴포잔 마켓플레이스

 모자이크

4day
 도구야스지

난코 포트타운센
트레이드센타마에역 하차
10분

도보 25분

도보 5분

 WTC 코스모스타워

 모토마치

 덴덴타운

주오센 미도스지센
남바역 하차
25분

한신, 한큐센
우메다역 하차
35분

남바역
난카이센
약 50분

 도톤보리

 헵 파이브

귀국하기

도보 10분

 로프트

도보 25분

 고베 포르토 바자르 아울렛

 공중정원

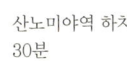**3**day

산노미야역 하차
30분

오사카 쇼핑·관광 추천 코스 _ 41

여자끼리 바쁘게 1DAY

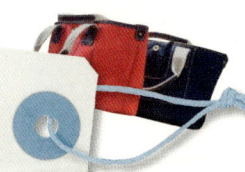

로프트(우메다)
→ 도보 7분 →
에스토
→ 도보 2분 →
헵 파이브

다니마치센 다니마치욘초메역 하차 10분
↓
오사카 성

주오센, 난코 포트타운센 코스모스퀘어역 하차 35분
↓
ATC 아시아 태평양 무역센터
→ 도보 7분 →
WTC 코스모스타워

주오센, 미도스지센 신사이바시역 하차 23분
↓
신사이바시스지 상점가
→ 도보 15분 →
호리에

미도스지센 도브츠엔마에역 하차 13분
↓
신세카이
→ 도보 5분 →
스파월드

연인끼리 여유로운 1DAY

다니마치센
다니마치욘초메역 하차
10분

오사카 성

주오센
코스모스퀘어역 하차
30분

가이유칸

헵 파이브(우메다)

도보 5분

공중정원

덴포잔
마켓플레이스

주오센,
미도스지센
신사이바시역 하차
30분

미도스지센
우메다역
20분

신사이바시스지
상점가

호리에

도보 10분

도보 10분

아메리카무라

쇼핑 목록 다이어리

쇼핑센터에서 사지 않아도 되는 물건들을 충동구매해본 경험이 누구나 있을 것이다. 쇼핑 목록을 정하지 않고 무작정 오사카로 쇼핑 여행을 떠난다면 정작 필요한 것은 사지 못하고 충동구매

쇼핑목록	구입처	조사가격	예상가격	구입가격	메모

한 물건들로 트렁크가 무거워진다. 여행을 떠나기 전 미리 쇼핑 목록을 작성해 놓으면 충동구매에 따른 지출을 줄일 수 있다. 또한, 구입하고자 하는 것에 대한 정보를 사전에 검색해두자. 깨알 같은 정보들이 모이면 쇼핑 시간도 줄일 수 있고 여행이 한층 더 즐거워진다.

쇼핑목록	구입처	조사가격	예상가격	구입가격	메모

Let's go OSAKA [여행준비]

오사카로 떠나기 위한 마음이 준비되었다면 이젠 실전이다. 여권을 챙기고 항공권과 호텔을 예약하고 예산을 짜고 쇼핑 목록을 작성하고…… 생각만으로도 가슴이 쿵쾅쿵쾅. 다음의 7가지 사항을 꼼꼼히 체크하고 미리미리 준비해서 나중에 발을 동동 구르는 일이 없도록 하자.

여권 만들기

해외에서 나의 신분을 확인시켜주는 것이 여권이다. 여권 없이는 어떤 방법으로도 해외에 나갈 수 없고 거주할 수도 없다. 또한 여권번호 없이는 항공권, 선편을 모두 구입할 수조차 없다. 여권을 분실하거나 훼손했을 경우에는 본인이나 대리인이 재발급을 받아야 한다. 해외에서 간혹 여권 분실사고가 일어나는데 그때를 대비하여 출국 시에 여권 사진 2매와 사진이 나와 있는 여권 복사본을 미리 준비해두는 것이 안전하다. 물론 잃어버리지 않는 것이 최선이지만. 오사카 아울렛 매장 방문 시 일정 금액에 따라 면세 특권을 받을 수 있는데 이때도 반드시 여권이 필요하다. 정부가 국민에게 발급해주는 여권은 해외에서 나라를 대신하는 중요한 역할을 하니 꼭 지참하고 다니도록 하자.

우리나라도 전자여권 발급을 의무화하고 있다. 전자여권은 변조 및 도용을 막고 여권의 보안성을 극대화하였다. 기존 여권을 갖고 있는 경우는 해당 여권의 만료일까지 사용 가능하며, 그 후 재발급 시에는 전자여권으로 발급받아야 한다.

일반여권은 해외 여행 시에 일반인이 사용하는 여권을 말하며 복수여권과 단수여권이 있다.

- 복수여권 : 5년 또는 10년간 사용
- 단수여권 : 1년 유효기간 내에 단 1회만 사용

관용여권은 정부기관의 공무원 등 공적인 업무에 사용되는 여권으로 외교통상부 여권과에서만 발급된다.

여권 발급받기

구청이나 도청의 여권과에서 발급받을 수 있다. 예전에는 자신의 현 거주지에서만 가능했으나 지금은 거주지와 관계없이 여권을 발급받을 수 있어 편리해졌다. 여권은 발급 신청을 하고 대개 1주일 내로 받을 수 있지만 휴가철에는 10일 이상 걸리는 경우가 많으니 여행 계획이 있다면 미리 준비해 놓는 것이 좋다.
여권 신청서를 미리 다운받아 작성해가면 편리하다.

- 구비서류 : 여권 발급 신청서, 여권용 사진 2매, 발급 수수료
- 복수여권 수수료 : 55,000원
- 단수여권 수수료 : 20,000원
- 외교통상부 여권 관련 홈페이지 : www.0404.go.kr/passport.jsp

여권 발급 절차

01 신청서 작성
02 접수
03 신원 확인
04 경찰청 외사과
05 결과 회보
06 여권서류 심사
07 여권 제작
08 여권 교부

check 2

항공권·승선권 예약하기

여권을 신청한 후 바로 해야 할 일은 항공권 예약이다. 항공권은 많은 시간을 두고 미리 예약하는 것이 좋다. 최근 저가항공이 등장하면서 10만 원대의 금액으로 오사카를 갈 수 있게 되었다. 저가항공일수록 경쟁이 치열해 미리 서두르지 않으면 안 된다. 여행객이 많이 몰리는 성수기에는 항공료도 비싸지기 때문에 예약 시기가 중요하다. 먼저 할인 항공권을 판매하는 사이트를 검색하여 가격 비교를 하는 것이 우선이다. 그밖에 여행 동호회에서 공동구매를 신청하거나 여행사에서 항공권과 호텔을 묶어 판매하는 에어텔 상품을 구입하는 것도 한 방법이다. 원하는 호텔에 묵을 수는 없지만 알뜰하게 여행할 수 있다.

최근에는 도쿄, 오사카, 후쿠오카 등 주말 여행을 위한 항공권이 인기를 얻고 있다. 주말 항공권은 품귀현상일 정도로 항공권

구하기가 쉽지 않고 가격도 만만치 않다. 주말을 이용하려는 쇼핑객들은 한 달 전에 서둘러 예약을 하고, 방학을 맞아 시간 조절이 비교적 자유로운 쇼핑객은 주중에 출발하는 항공권을 예약하도록 하자.

비행기와 달리 배로 가는 승선권은 가격 변동이 거의 없다. 가격도 저렴하고 승선감도 좋지만 가고 오는 데 하루씩 총 이틀이 소요되기 때문에 주말 여행자들에게는 무리다. 주말 여행을 제외한다면 천천히 여유로운 여행을 해보는 것도 좋겠다. 특히 오사카항은 도시와 인접하여 쉽게 이동할 수 있는 장점이 있으며 물건을 무한정 배에 탑승시킬 수 있어서 좋다. 부산에서 출발하기 때문에 배편으로 가는 길은 부산·경남 지역 사람들에게는 더없이 유리한 방법이 아닐 수 없다. 하늘길로 가든 바닷길로 가든 예약은 미리미리 서두르는 게 제일이다.

숙소 예약하기

항공권이나 승선권 예약이 끝나면 이제는 적당한 숙소를 예약하는 일이 남았다. 일본 숙소의 경우 미리 예약하지 않으면 숙박을 할 수 없는 경우가 종종 있으니 예약을 하고 가는 것이 현명하다. 특히 주말에는 숙박료가 1,000~2,000엔 정도 더 비싸진다. 언어가 가능하다면 본인이 직접 예약해도 좋지만 수수료가 조금 붙더라도 여행사나 호텔 예약 전문 사이트를 이용하는 것이 실수가 없다. 동호회를 통한 공동구매로 숙박을 예약하면 조금은 저렴하게 숙소를 정할 수 있다. 일본의 체인 호텔을 이용하는 것도 한 방법이다. 한국이나 중국에 진출한 일본계 체인 호텔은 가입하고 카드를 만들면 여러가지 혜택을 받을 수 있다. 예를 들어 방이 없을 때 회원들만 이용 가능한 방이 있다든가, 10번 숙박하면 1번은 무료 이용, 특정 요일을 정해서 20~30% 할인까지 받을 수 있으니 일본을 자주 가는 여행객들은 참고하길 바란다.

호텔을 정할 때 물론 숙박료가 큰 비중을 차지하겠지만 그보다 더 중요한 것은 위치다. 특히 여성 여행자라면 비용이 싸다고 외진 곳으로 가기보다는 지하철 등 교통편이 좋은 곳을 찾는 게 좋다. 쇼핑이 목적이라고 아무 데나 누울 수만 있으면 된다는 생각으로 갔다가 자칫하면 피로가 누적되어 나머지 일정을 망칠 수 있으니 유의하자.

일본의 다양한 숙박시설에 대해 살펴보자.

- **특급호텔** : 말 그대로 모든 시설이 잘 갖추어진 호텔을 말한다. 사우나, 헬스장, 수영장, 레스토랑 등 일본은 호텔방이 작기로 소문나 있는데 특급호텔이라고 예외는 아니다. 1인 싱글 숙박료는 17,000엔 이상이다.

- **비즈니스호텔** : 여행객들이 가장 많이 이용하는 저렴한 호텔로, 일본에서는 출장을 다니는 비즈니스맨들을 위한 호텔로 만들어졌다. 방이 터무니없이 작아 둘이 사용하면 거의 스치며 지나다녀야 하지만 별다른 불편함은 없다. 비즈니스호텔의 장점은 대부분 역과 가까운 곳에 위치해 있다는 것이다. 1인 싱글 숙박료는 5,000엔 이상이다.

- **캡슐호텔** : 일본에서만 운영되는 독특한 방식의 호텔로 말 그대로 캡슐처럼 생긴 공간을 제공한다. 딱 한 사람만이 눕거나 앉을 수 있을 정도로 좁은 대신 저렴한 것이 특징이다. 대부분 사우나 시설을 갖추고 있어 숙박하는 사람들이 무료로 사용할 수 있다. 대부분이 남성전용이다. 숙박료는 1인당 3,000엔 이상이다.

- **료칸** : 일본 문화를 체험하기에 료칸만 한 데가 또 있을까. 값은 비싸지만 일본을 느끼고 싶다면 하루 정도 료칸에서 숙박하기를 권한다. 석식으로 차려지는 가이세키 요리는 눈으로 먹는다는 게 맞는 말인 듯 음식이라기 보다는 예술에 가깝다. 조식은 비교적 단순한 일본 가정식이 준비된다. 숙박료는 1인당 13,000엔 이상이다.

- **민슈쿠** : 민박과 비슷한 의미의 민슈쿠는 개인 생활을 보장받을 수 없으나 가격이 저렴하다는 장점이 있다. 최근 오사카에는 한인 민슈쿠가 많이 생겼으니 민슈쿠에서 숙박할 계획이라면 미리 알아보고 가는 것이 좋겠다. 숙박료는 1인당 3,500엔 이상이다.

check 4
여행 정보 수집하기

쇼핑에 관련된 여행 정보를 미리 수집해야 동선을 짜거나 예산을 준비할 수 있다.

인터넷 동호회 사이트를 검색하면 수십 개의 관련 항목들을 만나게 된다. 그중 본인의 목적에 맞는 동호회에 가입하고 정보를 얻으면 된다. 잘 모르는 부분도 답변을 빨리 받고 싶다면 회원수가 많은 동호회에 가입하는 것이 가장 좋다. 동호회를 통하면 앞서 말했듯 항공권이나 호텔 예약을 공동구매로 좀 더 저렴하게 할 수 있으며 처음 여행이 걱정되고 낯설다면 친구를 만들어 함께 여행할 수도 있다. 그밖에도 일본 관련 다양한 정보를 담고 있는 사이트들이 많으니 출국하기 전 미리 한번 검색을 하고 나가자.

그외에도 소중한 정보들이 고스란히 담긴 여행 가이드북에서 정보를 찾는 것도 좋다. 지도와 관광명소, 필요한 언어, 물가 등을 알 수 있으니 출발 2~3주 전에 구입하여 가야할 곳 등을 미리 체크해 놓도록 하자.

check 5
환전 및 일정 잡기

비행기 예약도 하고 호텔 예약까지 마쳤다면 이제는 환전하는 일만 남았다. 쇼핑 목록을 작성한 대로 필요한 금액을 환전만 하면 된다. 일본은 신용카드 사용이 가능하지만 아주 작은 숍의 경우 현금 외에는 계산해주지 않는 곳도 있으니 환전은 필수라고 할 수 있다. 아울렛 같은 대형 쇼핑센터에서는 카드 사용이 가능하다.

환전은 여행을 떠나기 전 환율이 가장 좋을 때 하는 것이 좋겠지만 변동 심한 환율을 보면서 대기할 수는 없는 일. 2~3일 전에 가까운 은행에 가서 환전하도록 하자. 본인이 거래하는 은행에 가서 환율 우대를 받는 것이 가장 좋은데 따로 그런 은행이 없다면 인터넷 환전을 통해 미리 환전 신청을 하고 가까운 은행에서 찾으면 수수료를 조금 우대받을 수 있다.

비행기를 예약하면 환전 우대 쿠폰을 보내주는 경우도 있고, 여행동호회 사이트에 이런 쿠폰들을 모아 올려놓고 서로 공유하는 경우가 많으니 참고하도록 하자.

공항이나 부산 국제여객터미널 등에서는 환전할 수 있으나 쿠폰이 있어도 수수료 우대를 절대 받을 수 없다. 환전할 때는 신분증이 필요하다.

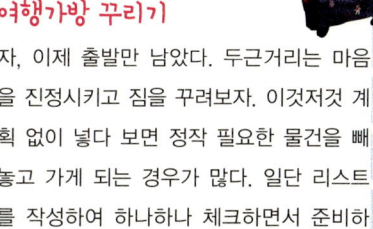

check 6
인터넷 면세점 쇼핑하기

해외로 여행을 가게 되면 면세된 가격의 내로라하는 좋은 물건을 구입할 수 있는 찬스가 있다. 면세점은 서울 시내와, 인천, 김포, 부산, 제주 공항 등에 있다. 출국 전 서울시내에 있는 면세점을 찾아가 미리 쇼핑을 하는 방법이 있는데 다들 알고 있겠지만 면세점에서 구입한 물건은 출국 수속을 하고 나서야 받을 수 있다는 것을 명심하자. 시간적 여유가 있다면 면세점에서 직접 확인하는 것도 좋겠지만 그렇지 않다면 인터넷 면세점 쇼핑을 하면 된다. 인터넷 면세점 쇼핑이 좋은 이유는 가입만 하면 신규가입 쿠폰과 쇼핑 금액에 따른 다양한 할인쿠폰, 기념품과 특가이벤트 등 혜택이 다양하기 때문이다. 물론 사이트에 가입해야 하기 때문에 시간은 좀 걸리지만 할인이나 쿠폰은 빅찬스다.

출발 공항에서도 면세 쇼핑을 할 수 있다. 출국 수속을 끝내고 탑승 전까지 여유로운 쇼핑을 즐기기만 하면 된다. 인터넷 면세점 쇼핑만큼 다양한 혜택을 받을 수는 없지만 왠지 일반 사람들과는 좀 다른 특권을 받고 있다는 생각을 하기도 한다.

- 롯데인터넷면세점 www.lottedfs.com
- 신라인터넷면세점 www.shilladfs.com
- 동화인터넷면세점 www.dutyfree24.com
- 워커힐인터넷면세점 www.skdutyfree.com
- 파라다이스인터넷면세점 www.paradisemall.co.kr

check 7
여행가방 꾸리기

자, 이제 출발만 남았다. 두근거리는 마음을 진정시키고 짐을 꾸려보자. 이것저것 계획 없이 넣다 보면 정작 필요한 물건을 빼놓고 가게 되는 경우가 많다. 일단 리스트를 작성하여 하나하나 체크하면서 준비하는 것이 좋다.

배낭을 메고 갈 것인지, 트렁크를 끌고 갈 것인지, 그 사이즈는 어느 정도가 돼야 하는지 결정을 내려야 한다. 자신의 여행 목적을 생각하지 않고 귀엽고 자그마한 실용성 없는 트렁크를 구입했다가 돌아오는 길 여러 개의 쇼핑봉투를 낑낑대며 이리저리 고생스럽게 들고 출국하는 사람들을 여럿 봤다. 일본은 정말 쇼핑거리가 넘쳐나는 곳이다. 본인의 여행 목적이 쇼핑이 아닌 관광이라도 하나둘 구입하게 되는 물건이 손에 다 꼽히지 않을 정도다. 일본으로 여행을 떠날 때는 1박이 되었건 2박이 되었건 배낭보다는 커다란 트렁크를 추천하고 싶다. 물론 배낭여행객이라면 사정이 달라지겠지만. 쇼핑이 목적이라면 커다란 트렁크를 준비하자. 트렁크는 1/3만 개인용품으로 채우고 나머지 공간을 비워서 출국해야 한다. 의류의 경우 코인세탁소가 많은 일본에서는 걱정할 필요가 없다. 숙소를 옮겨다니는 상황이라도 크게 문제될 것은 없다. 어디 가나 일본에는 코인락커가 문을 활짝 열고 기다리고 있으니까.

Let's go OSAKA — 출입국 수속

언제나 많은 사람들로 붐비는 국제터미널은 여행자의 심박수를 조금 더 빠르게 만든다. 이 자리에 서 있는 것만으로도 벌써 마음은 오사카에 가 있는 듯. 여행의 첫발은 한국에서 출국 수속을 밟는 일이다. 출발 두 시간 전에는 도착하여 순서에 따라 진행하면 어려움이 없다. 자, 그럼 출발해 보자.

한국에서

공항 도착

인천공항에서 출국하는 경우 리무진버스를 이용하거나 승용차, 혹은 인천국제공항철도를 이용하여 공항으로 가면 된다. 리무진버스는 그 루트가 다양하여 편리하게 이용할 수 있다. 인천국제공항철도가 2010년 12월 28일 개통했다. 서울역에서 인천공항까지 43분 정도 걸린다. 서울역에서 인천공항으로 출발하는 리무진의 경우 약 70분 정도 소요된다. 혼잡한 시간을 계산하여 미리미리 출발하는 것이 안전하다. 비행기는 절대로 기다려주지 않는다.

부산에서 배편을 이용하는 여행자들도 버스나 지하철 등을 이용하여 2시간 전에 도착하도록 한다. 부산 국제여객터미널은 부산역에서 도보 30분 정도 소요된다.

탑승 수속

출발 2시간 전에 공항에 도착하여 해당 항공사 체크인 카운터에서 탑승권을 발급받는다. 여권과 미리 발급받은 전자 항공권을 제시하면 좌석번호가 적힌 탑승권을 받게 되는데 이때 탑승권에 적힌 탑승시간을 잘 확인해 두도록 하자. 출발시간만 기억하고 면세 쇼핑하다가 비행기 탑승을 놓치는 경우도 종종 있다.

탑승권을 받으면 수하물을 부치게 되는데 배낭이나 소형 트렁크는 반입이 허용되지만 크기가 애매모호한 경우는 부치는 게 편리하다. 대개 20kg까지만 허용된다. 액체류나 젤류도 반입 금지 품목에 속하는데 꼭 필요한 것은 지퍼백에 넣어 가지고 들어갈 수 있다. 단, 용량이 100ml를 넘을 수 없다.

배편을 이용할 경우 해당 선박 카운터에 여권을 제시하면 된다. 모든 짐은 본인이 직접 휴대하고 승선하면 된다.

출국장에서 보안 심사 받기

탑승권을 받았다면 잠시 주변에서 5분 정도 대기했다가 출국장으로 들어간다. 5분 대기는 수하물로 부친 본인의 짐에 아무런 문제가 없는지를 확인하는 시간이다. 간혹 이상한 물건이 검색되면 재확인을 받아야 한다.

출국장에 들어서면 먼저 소지한 물건들을 검사받아야 한다. 지퍼백에 보관한 젤류와 액체류를 꺼내고, 노트북도 꺼내어 컨베이어벨트에 올려 엑스레이 검색대에 통과시켜야 한다. 외투와 신발, 주머니 속에 들어 있는 동전, 핸드폰, 바지의 벨트 등 금속성이 있는 모든 것들을 검색대에 통과시켜야만 한다.

고가의 물품을 소지하고 있으면 검색대 양쪽 끝에 있는 세관 신고대에서 미리 신고를 하자. 그렇지 않으면 입국 시 불이익을 당할 수 있다.

물품 검색이 모두 끝나면 여권과 탑승권을 들고 심사를 받는다. 아무런 이상이 없으면 여권과 탑승권에 도장을 찍어준다. 이로써 출국 심사는 모두 끝이 난다.

여름 휴가철이나 방학 성수기에는 사람들로 넘쳐난다. 따라서 출국심사장에 긴 줄이 늘어서게 되는데 이럴 때를 대비하여 자동출입국심사에 등록을 하자. 자동 출입국심사는 말 그대로 출입국 시 줄을 서서 일일이 확인 도장을 받을 필요 없이 자동화코너에서 스스로 여권 스캐닝을 통해 자동 출국하는 것을 말한다. 인천공항에 일찍 도착하여 출국장 3층에 있는 자동출입국 사무소에서 등록을 하자. 신분증과 여권만 소지하면 끝난다. 대기하는 사람이 거의 없을 때는 서류 작성 시간을 포함 15분 정도 소요된다. 이 또한 성수기에는 사람이 많으니 미리 등록하는 것이 좋다. 출입국 시 긴 줄을 뒤로한 채 자동심사로 여유롭게 통과하자. 물론 시간도 절약된다.

부산 국제여객터미널도 같은 방법으로 심사를 받으면 된다. 하지만 자동출입국 부스는 마련되어 있지 않다.

면세점 쇼핑하기

탑승시간까지의 남는 시간은 면세점을 돌며 쇼핑에 홀릭해보자. 출발 전 미리 구입한 물건들은 면세품 인도장에서 찾아가면 된다. 이때도 마찬가지로 액체류, 젤류는 따로 봉투에 담아 밀봉을 해주는데 현지에 도착해서 개봉하고 개봉 후 일본에서 출국 시에는 수하물로 부쳐야 한다. 외국인들이 선호하는 면세점 중 베스트 1위인 인천공항 면세점에서는 아이쇼핑만으로도 즐거워진다. 제2출국장에도 면세점과 카페들이 마련되어 있으나 면세점별로 취급하는 품목이 다르다는 것을 명심하자.

비행기 탑승과 입국카드 작성하기

보통 비행기 출발 30분 전부터 탑승이 시작된다. 이 시간은 반드시 엄수해야 할 시간이므로 쇼핑에 빠져 있다간 곤란한 일을 겪게 될지도 모른다. 특히 외국 항공사는 대부분 제2출국장에서 탑승을 하는데 모노레일을 타고 이동해야 하니 시간 계산은 필수다.

비행시간은 약 2시간 정도 소요된다. 먼저 기내에서 나눠주는 출입국카드 앞뒷면과 세관신고서를 영어로 작성한다.

기내에서 제공되는 간단한 식사와 음료를 즐기면 기내 면세품 판매를 시작하는데 간혹 인천공항 면세점보다 저렴한 경우가 있다. 구입하고자 하는 물건이 있으면 돌아오는 비행기로 받을 수 있도록 예약하면 된다.

이래저래 시간을 보내다 보면 어느새 비행기는 일본 하늘에 도착해 있다. 이제부터 오사카 쇼핑 홀릭이다.

부산 국제여객터미널도 마찬가지로 심사 후 소박한 면세점을 통과하면 곧바로 배에 승선하게 된다.

일본에서

입국 신고하기

간사이국제공항은 터미널이 두 곳으로 나누어져 있다. 비행기에 따라 모노레일을 타고 이동하여 입국 신고를 해야 하기 때문에 입국 심사 방향을 따라 이동하도록 하자.

입국심사대에 도착하면 일본인, 외국인 구분에 따라 입국심사를 받는다. 항공기가 많이 몰릴 때는 1시간 이상 기다려야 한다. 줄을 서 있는 동안 일본 공항 직원분이 일일이 입국카드를 검토해주며 빠진 부분은 어눌한 한국말로 열심히 설명해주기도 한다. 순서가 되어 일본 심사관 앞에 서면 여권과 입국 카드를 제시한다. 입국카드에 함께 작성된 출국카드는 떼어 여권에 잃어버리지 않도록 붙여준다. 일본은 2007년부터 일본 입국 시 지문 채취와 얼굴 스캔을 의무화하고 있다. 심사관이 앞에 놓인 기계를 바라보며 사인을 보내면 그대로 실행하면 된다. 양쪽 검지의 지문을 스캔한 후 얼굴 사진을 찍는다. 한글 안내문이 화면에 나타나 글로 설명하기 때문에 걱정할 필요없이 그대로 실행하면 된다.

수하물 찾고 세관 심사받기

입국 심사가 끝나면 인천공항에서 부친 수하물을 찾는다. 내가 타고 온 편명이 뜨는 수하물 수취대로 찾아간다. 만약 시간이 지나도 수하물이 나오지 않는다면 인천공항에서 수하물에 붙여준 텍과 같은 번호의 수하물 스티커를 관계자에게 제시하도록 한다.

수하물을 찾은 후 붙어 있는 텍은 입국장에 나와서 제거한다. 텍은 이 수하물이 보완검색을 마쳤다는 인증과 같은 것이기 때문에 중요하다.

수하물을 들고 세관 심사를 받는다. 세관 심사대에는 여권을 제시하는데 세관원은 혼자 왔는지 여행 목적은 무엇인지, 며칠 동안 머물 것인지 등 간단한 질문을 한다. 질문은 주로 일본어와 영어로 이루어지지만 간혹 이들 중에 한국말로 얘기하거나 한국어가 적혀 있는 책받침을 보여주며 질문하기도 한다. 오사카 국제여객터미널도 같은 순서대로 입국이 이루어진다.

이 모든 과정을 거치면 이제는 진정한 오사카를 만나게 된다.

입국장

여행의 시작을 알리는 입국장은 손님을 기다리는 사람들, 단체 여행객들, 바삐 제갈길로 가는 다양한 피부의 사람들로 언제나 북적거린다. 출국장과 달리 대부분 기대에 부푼 얼굴들이다.

리무진이나 택시를 이용할 사람들은 입국장 맞은편 출구를 통해 나가면 된다. 교통비 비싸고 교통체증이 심한 일본에서 리무진이나 택시는 별로 추천하고 싶지 않다. 열차를 이용할 사람들은 입국장 2층으로 올라가 건너편으로 이동하면 된다. 이곳에서는 오사카 시내로 들어가는 난카이센과 JR을 탑승할 수 있다. 남바역까지 난카이센 래피드 알파는 29분, 베타 35분, 급행은 50분 소요되며 JR은 43분 소요된다. 버스는 1시간 이상 소요된다.

- 난카이센 공항 급행 : 890엔
- 난카이센 래피드 : 1,400엔
- JR센 : 1,030엔
- 공항버스 : 880엔

오사카 국제여객터미널에서는 셔틀버스를 타고 나와 지하철을 이용하여 도심으로 들어가면 된다.

여행 필수품, 패스

교통비가 비싼 일본에서 패스는 없어서는 안 될 필수품이다. 일본에는 패스가 많고 종류도 다양해서 일정에 맞게 선택을 하면 이득이다. 대부분의 패스는 일본 간사이 공항이나 주요 역에서 판매하고 있지만 한국 여행사를 통해 구입하는 것이 적게나마 이익을 남기는 길이다.

오사카 주유패스 大阪周游パス

오사카 쇼핑의 핵심이라고 할 수 있는 패스로 오사카를 집중 탐구할 수 있다. 교통비를 절약하고 많은 혜택과 특전을 얻을 수 있기 때문에 그 유용가치가 높다.
주유패스는 1일권과 2일권이 있으니 여행 스케줄에 따라 결정하는 것이 좋다. 2일권은 연속으로 이틀을 사용해야 하므로 특정 날짜를 각각 따로 지정할 수 없다.

- 1일권 : 2,000엔
- 2일권 : 2,700엔

사용 범위

1일권은 오사카 시내를 운행하는 오사카 시영 지하철, 시영 버스, 한큐 전철, 한신 전철, 난카이 전철과 게이한 전철, 긴테쓰에 탑승할 수 있다. 그뿐만 아니라 오사카 시내의 26개 명소나 시설을 무료로 이용할 수 있으며, 13개의 명소나 시설을 할인받거나 선물 특전을 받을 수 있다. 2일권은 1일권과 혜택이 동일하지만 오사카 시영 버스와 시영 지하철만 탑승할 수 있다.

사용 방법

개찰기에 카드를 넣으면 뒷면에 날짜가 찍혀 나온다. 다시 말하면 찍힌 날짜부터 사용이 개시되는 것이다. 간혹 개찰기가 없거나 고장이 나면 역무원에게 보여주면 된다. 무료입장이 가능한 시설은 다음과 같다.

- 공중정원 전망대
- 헵 파이브 관람차
- 오사카 시립 도자기 미술관
- 도톤보리 리버 크루즈
- 츠텐카쿠
- 시텐노지
- 오사카 시립 미술관
- 덴노지 동물원
- WTC코스모타워 전망대
- 오사카 성 천수각

주의사항

구입한 패스와 쿠폰은 재발행되지 않으므로 분실하지 않도록 주의해야 한다. 만약 일정이 바뀌어 패스를 사용하지 않았다면 반드시 구입처에서 환불받자. 패스와 쿠폰 모두 미사용이어야 한다.

엔조이 에코 카드 エンジョイエコカード

오사카 내에서 운영하는 지하철과 뉴트램, 버스를 하루 동안 무제한으로 이용할 수 있는 패스이다. 평일에는 800엔이지만 토, 일, 공휴일에는 600엔으로 구입할 수 있다. 오사카 지하철 기본요금이 200엔이므로 본인의 이동 거리를 생각하여 구입 여부를 결정하면 된다. 오사카를 여러 번 방문했고, 오로지 쇼핑에 홀릭할 목적의 여행이라면 엔조이 에코 카드 구입을 추천한다. 지하철역에서 구입 가능하다. 카드를 제시하면 주요 명소의 입장료를 할인해준다.

간사이 스루토 패스 KANSAI THRU PASS

오사카 시내뿐만 아니라 고베, 교토, 나라, 히메지는 물론이고 와카야마, 고야산까지 정해진 기간 동안 자유롭게 다닐 수 있는 패스다. 2일권과 3일권이 있으며 연속적으로 사용하는 것과 비연속적으로 사용하는 것이 있으니 확인하고 구입하자.

- 2일권 : 3,800엔 / 초등학생 1,900엔
- 3일권 : 5,000엔 / 초등학생 2,500엔

사용 범위

총 41개의 노선에서 이용 가능하며 JR을 제외한 버스, 지하철, 전철 탑승이 가능하다. 간사이공항 리무진과 나라 교통 버스는 이용할 수 없다.

사용 방법

다른 패스와 마찬가지로 개찰기에 카드를 넣으면 뒷면에 날짜가 찍힌 패스가 나온다. 간사이 스루토 패스도 노선 주변의 주요 명소나 시설 350여 곳의 할인을 받을 수 있다. 무료입장이나 할인혜택을 받을 때는 패스 구입 시 함께 받는 분홍색 책자에서 쿠폰을 잘라 패스와 함께 제시해야 한다. 간혹 책자는 그냥 버리는 경우가 있는데 안에 들어 있는 쿠폰을 반드시 챙기도록 한다. 패스가 있어도 쿠폰이 없으면 혜택을 받지 못한다.

주의사항

구입한 패스와 쿠폰은 재발행되지 않으며 마그네틱이 손상된 경우 교환이 가능하다. 미사용 패스는 구입처에서 환불할 수 있다.

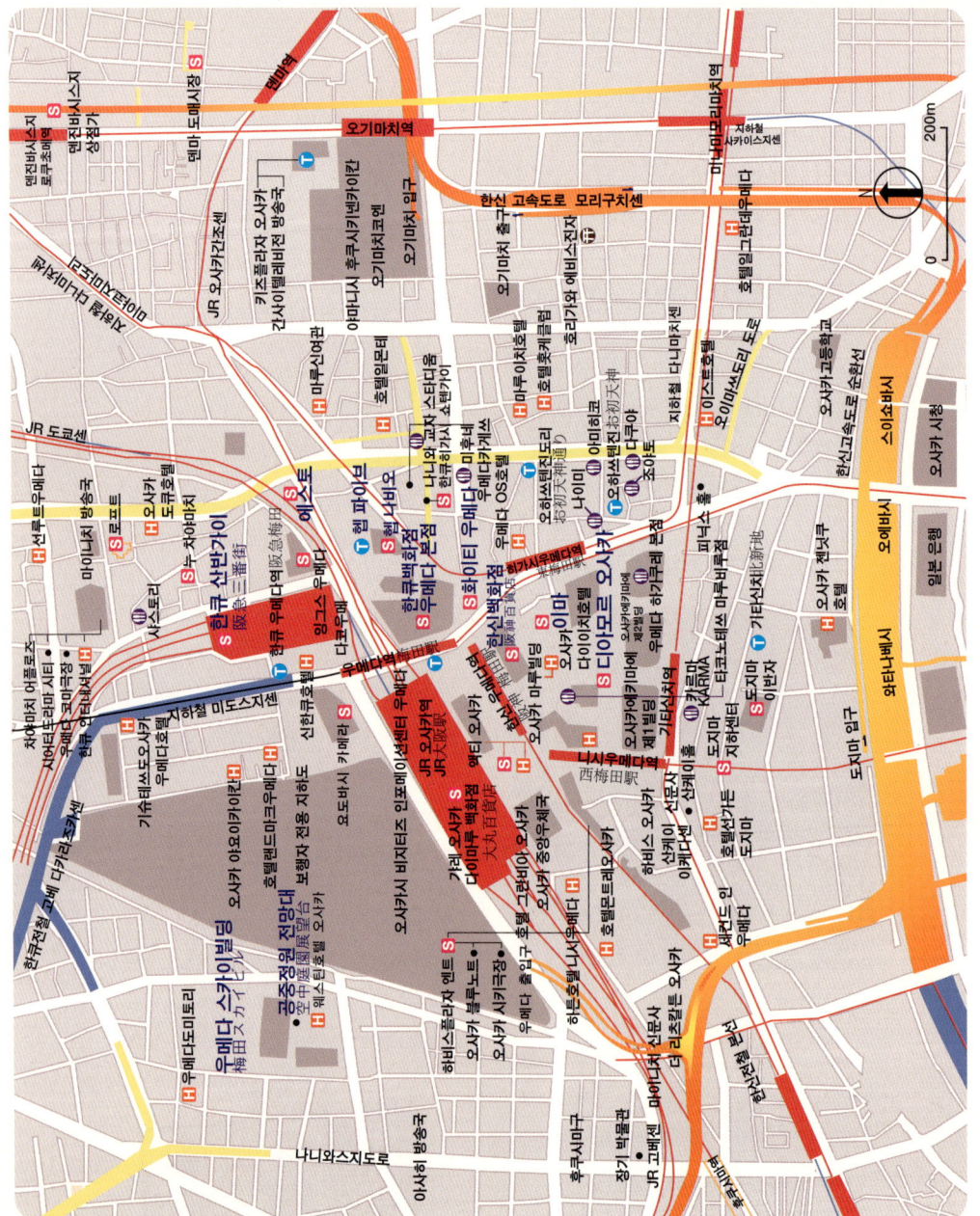

1

오사카 쇼핑 포인트
우메다 지역

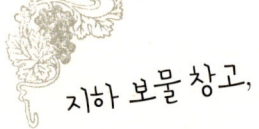

지하 보물 창고,
한큐3번가, 한큐·한신백화점
HANKYU SANBAN GAI, HANKYU · HANSIN DEPARTTMENT STORE

남바역만큼이나 넓고 복잡한 우메다는 오사카의 현관이라고 불린다. 우메다 지역을 여행하기 위해서는 먼저 이 지역에 위치한 세 개의 역인 미도스지센 우메다역, 한큐 고베센 우메다역, JR오사카긴조센 오사카역의 위치를 파악해야 한다. 역을 파악한 다음에 동선을 짜서 움직이는 것이 시간을 절약하는 데 도움이 된다.

오사카의 북쪽에 해당하는 우메다는 수를 헤아릴 수 없는 많은 고층빌딩으로 이루어져 있으며, JR을 비롯해 여러 개의 사철 노선들이 함께 있어 매우 복잡하다. 오사카 근교의 교토나 고베, 나라로 이동할 때 오사카역이나 우메다역을 지나가는 만큼 오사카의 교통 중심지라고 할 수 있다. 1년 365일 언제나 붐비는 인파 속을 헤치며 걷는 곳이므로 사람들에게 떠밀려 길을 잘못 들어서는 일이 없도록 하자. 자칫하면 같은 자리를 계속해서 뺑뺑 돌게 될지도 모른다.

우메다역 주변은 지상과 지하에 걸쳐 많은 상점이 늘어서 있다. 우메다역에 도착하여 지상으로 나가보지도 못하고 지하 상점만 들리고 돌아오게 되는 경우도 많다. 그만큼 지하에 다양한 상점들이 엄청난 규모로 자리하고 있다.

오사카 여행가이드북을 보면 한큐3번가라는 곳이 자주 나온다. 그 이유는 한큐3번가가 우메다역의 중심이기 때문이다. 한큐3번가를 중심으로 지상으로 나온다든가 버스터미널을 찾는 경우가 많으며 관광안내소도 이곳에 인접해 있다. 우메다역에 도착했을때 '한큐삼번가'라고 쓰인 한글을 보고 반가웠던 건 바로 이런 이유에서였을 것이다. 한큐3번가는 중저가 브랜드를 취급하는 지하 쇼핑센터로 40년의 역사를 자랑한다. 3층에는 한큐 전철 플랫폼이 있고, 1층에는 고속버스 승강장이 있어 언제나 많은 사람들이 지나가는 길목이다. 지하 2층에서 지상 2층까지 쇼핑센터가 입점해 있는데 매장 수가 무려 300여 개나 된다고 한다. 의류에서부터 액세서리, 생활용품, 인테리어 소품과 기모노에 이르기까지 다양한 숍들이 입점해 있어 대부분 원하는 것들을 이곳에서 찾을 수 있다. 오랜 전통만큼 4,50대를 위한 숍이 많은 것 또한 특징이다. 곳곳에 맛 좋고 저렴한 식당들도 많아 즐거운 쇼핑, 배부른 쇼핑을 할 수 있다. 지하 쇼핑센터는 쾌적함을 유지하고 있으며, 중앙에는 인공으로 만든 작은 연못이 있어 잠시 쉬어가기에 좋다.

한큐3번가를 벗어나 지상으로 올라오면 우메다 지역의 대표 백화점인 한큐백

화점과 한신백화점을 만날 수 있다.

한큐백화점은 주로 2,30대를 위한 백화점이다. 버버리, 꼼 데 가르송, 질 스튜어트, 마크 제이콥스, 알렉산더 맥퀸 등 이름만 들어도 고개가 끄덕여지는 세계적인 명품 브랜드가 입점하여 패션 트랜드에 민감한 여성들의 아지트가 되는 곳이다. 그밖에도 디자이너 브랜드와 세컨드 브랜드, 최신 유행하는 로컬 브랜드들이 입점해 있다. 우리가 알지 못했던 브랜드들을 만날 수 있고, 현재 일본에서 유행하는 패션 트랜드를 읽을 수 있는 곳이 한큐백화점이다.

한신백화점은 연령대의 폭이 넓은 백화점으로 상품의 종류나 가격 면에서 만족할 만한 곳이다. 우리가 알 만한 명품 브랜드가 입점해 있는 건 아니지만 실용적인 상품들이 많다. 특히 일본에 가면 몇 장씩 구입하는 고급 브랜드의 손수건이나 스카프 그리고 다양한 종류의 스타킹은 남녀노소 불문하고 꼭 사와야 하는 아이템이다. 백화점 쇼핑을 싫어하는 사람이라도 한신백화점의 지하 음식코너는 꼭 들려보도록 하자. 오사카의 다양한 먹거리들과 눈을 뗄 수 없을 정도로 예쁜 일본 전통 화과자, 방금 구워낸 빵과 만주, 초콜릿, 선물용 쿠키세트 등 맛있는 쇼핑이 기다리고 있다. 식사한 지 얼마 지나지 않았는데도 입안에 침이 가득 고이고 어느새 자연스럽게 지갑을 꺼내 드는 자신을 보게 될 것이다.

한신백화점 잡화 코너에서 만난
<키타무라>의 도장지갑.
디자인과 합리적인 가격이 마음을 사로잡았다.
가격 1,050엔!

point SHOP

한신백화점 명품 손수건을 저렴한 가격에 구입할 수 있는 일본의 백화점은 여행 중 꼭 한번 들려야 하는 곳이다. 600엔대에서부터 쇼핑할 수 있으며 선물용 포장도 멋스러워 받는 사람도 기분이 좋아진다. 여성의 필수품인 스타킹도 다양한 종류가 많다.

키타무라 Kitamura 카드지갑, 도장지갑, 키홀더 등을 판매하는 숍으로 오사카에 위치한 백화점 대부분에 입점해 있다. 깜찍하고 귀여운 디자인과 다양한 컬러로 일본에서 많은 사랑을 받고 있다. ◀한신백화점

카시라 CA4LA 일본인들이 가장 사랑하는 모자 숍이다. 다양한 재질의 디자인과 색감은 어느 곳에서도 흉내낼 수 없다. 가격은 고가이지만 세일기간을 이용하면 좋은 가격에 매력적인 모자를 구입할 수 있다. 호리에 지역에도 체인점이 있다. ◀한신백화점

포틀랜드 PORTLAND 여성의류와 니트류, 패브릭 소재의 다양한 가방을 판매한다. 가격대도 적절하여 젊은 고객들이 선호하는 숍이다. 잔잔한 꽃 패턴의 셔츠들과 파스텔톤의 질리지 않는 색감이 포틀랜드의 매력이다. ◀한큐3번가

각 1,995엔

13,650엔

로이스 크레용 Lois CRAYON 하이패션을 모토로 오피스 레이디들의 의류를 판매한다. 단정한 정장과 절제된 느낌의 셔츠, 모던한 디자인의 액세서리와 소품들은 현대적인 느낌을 한층 더 플러스시킨다. 주로 블랙, 그레이, 베이지, 화이트톤의 화려 하지 않은 의류를 선보인다. ◀한큐3번가

인티플 Intiful 3,40대 여성을 위한 전문 숍이다. 가디건, 코트, 셔츠, 스카프 등을 주력 상품으로 판매한다. 액세서리와 소품류는 주로 수공예 작품들로, 구경하는 재미가 쏠쏠하다. 나이 드신 분들의 선물을 구입하는데 좋은 숍이지만 가격대는 고가다. ◀한큐3번가

point SHOP

도-도- DOUDOU 캐주얼 전문 숍으로 주로 10, 20대 의류를 판매한다. 최근 오사카 젊은이들의 유행 코드를 한눈에 알 수 있으며 가격대도 적당하다. ◀한큐3번가

비디아이 하트 BDI hearts 갓 시집온 새색시가 입는 옷처럼 단정함이 물씬 풍기는 여성의류와 그와 어울릴 듯한 남성의류를 판매하는 숍이다. 인디안핑크와 베이지의 적절한 조화, 두드러지지 않는 패턴들이 누구나 무난하게 소화할 수 있는 의류들이다. ◀한큐3번가

블루 BLUE 가죽 소재의 다양한 가방들과 빈티지 느낌의 의류들이 한큐3번가에서도 눈에 띄는 블루는 남녀 캐주얼 의류를 판매하는 숍이다. 겨울맞이 아우터들과 재미난 패턴으로 디자인된 모자들도 눈에 띈다. ◀한큐3번가

티엔즈 TIENS 겨울 반코트가 사랑스러운 타엔즈는 20대 여성을 주 고객으로 다양한 의류를 선보인다. 화려한 패턴과 단정한 색감을 적절히 조화시켜 또 다른 새로움을 만들어내는 숍으로 일본 여성들에게 많은 사랑을 받고 있다. ◀한큐3번가

2,940엔

{ 붉은 고래의 거대한 항해
헵 파이브, 헵 나비오, 한큐 히가시도리 상점 }
HEP FIVE, HEP NAVIO, HANKYU HEKASIDORI

우메다역에 도착하여 밖으로 나오면 가장 먼저 여행자를 반기는 것은 오사카의 랜드마크인 헵 파이브다. 건물 7층에 연결된 붉은색의 대관람차는 건물에 비해 너무 커서 꼭 넘어질 것 같은 아찔함마저 든다. 헵 파이브의 'HEP'은 'HANKYU ENTERTAINMENT PARK'의 약자로, 1971년 문을 연 '한큐파이브'가 리뉴얼작업을 거쳐 1998년 재탄생한 것이다. 헵 파이브를 중심으로 한큐백화점, 한큐3번가, 한큐32번가, 헵 나비오 등이 한데 모여 있어 오사카 사람들에게는 '한큐무라(村)'라고 불리고 있다. 헵 파이브에 들어서면 먼저 커다란 빨간 고래가 반긴다. 헵 파이브 건물 내부의 중심축이 1층에서 6층까지 트여 있어 시원해 보이긴 하나 매달려 있는 커다란 고래로 인해 좁고 산만한 느낌이 든다. 빨간 고래의 길이는 20m로, 카메라 파인더에 꽉 차고도 넘친다. 지하 1층에서 지상 6층은 10,20대들의 취향에 맞는 패션, 잡화 매장이 주를 이루고 있으며 저렴한 가격대로 형성되어 있다. 특히 스누피 타운, 디즈니 스토어, 헬로키티 등 캐릭터 매장들이 모여 있어 구경하는 재미가 쏠쏠하다. 우리에게도 익숙한 캐릭터들은 굳이 구입하지 않더라도 보는 즐거움을 선사한다. 5~6층에는 의류 숍과 함께 다양한 카페들이 속속 자리 잡고 있으며, 7층은 유명 음식점들이 입점해 있다. 7층에는 헵 파이브가 자랑하는 빨간 대

관람차가 연결되어 있는데 탁 트인 오사카 시가지를 조망할 수 있으며, 날씨가 좋은 날에는 고베의 롯코산까지 볼 수 있다. 대관람차 내부에는 잔잔한 음악이 흐르고, 관람차 창문과 외벽에는 바라보는 위치에 따라 어떤 건물이 있는지 그림과 함께 설명이 되어 있다. 참으로 친절한 관람차다. 한 바퀴 도는 데 걸리는 시간은 약 15분으로 조금 아쉬운 감이 있다. 최대 높이는 106m이며 투명하게 만든 관람차가 있어 오사카의 풍경과 더불어 아찔함을 느낄 수 있다. 단, 투명 관람차에 탑승하려면 미리 얘기하고 따로 기다려야 한다. 헵 파이브의 대관람차는 오사카인들의 데이트코스로 저녁 무렵에는 젊은 커플들이 이용객의 대부분을 차지한다. 오사카 주유패스 소지자는 무료탑승이 가능하니 기회를 놓치지 말자.

헵 나비오는 헵 파이브와 바로 이웃하고 있는 특이한 모양의 건물로 우메다의 보물선이라고 불리운다. '나비오 NAVIO'라는 말은 포르투갈어로 '보물선'을

의미한다. 헵 나비오라고 붙여진 이유도 둥그스름하게 삼각형 모양으로 튀어 나온 건물의 외관이 뱃머리를 닮았기 때문이다. 지하 2층, 지상 10층 규모를 자랑하는 대형 쇼핑몰인 헵 나비오는 1998년 개장하였지만 영화관을 제외하고 나머지 쇼핑공간을 리뉴얼하여 2008년 Hankyu Men's로 새롭게 탄생했다. 지하 1층에서 지상 5층까지 남성들을 위한 공간으로 300여 개의 브랜드가 입점해 있으며 그 수는 일본 최대규모를 자랑한다. 다양한 숍의 개성 넘치는 의류들은 일본 남성들을 더욱 감각적이고 멋지게 만든다. 멋을 좀 아는 남성이라면 빠트려서는 안 될 쇼핑센터이다. 그 외에도 지하 2층에는 새로운 스타일의 카페들이 입점해 있으며, 6~7층에는 식당가가 있다. 10개의 극장이 모여 있는 7층과 8층은 음향이나 내부 시설이 오사카 제일을 자랑한다. 주말에는 쇼핑객보다 영화관람을 위한 사람들로 차고 넘친다.

헵 나비오를 나와 남쪽으로 조금 내려가다 보면 일본 냄새 물씬 풍기는 아케이드 거리를 만난다. 한큐 히가시도리로, 현대적인 건물 사이에 조용히 자리 잡은 모습이 무척 이색적이지만 다정한 느낌이 든다. 한큐 히가시도리 상점가에는 다양한 종류의 상점이 들어서 있으며 무엇보다 선술집이 많다는 게 특징이다. 오래된 듯한 상점에서 발견한 오래된 듯한 물건, 생전 처음 보는 사용 방법을 알 수 없는 물건……. 깎지 않아도 알아서 깎아주는 한큐 히가시도리 상점가는 다양한 매력과 정이 있는 곳이다. 한큐 히가시도리는 낮과 밤이 다르다. 대부분 음식점들이여서 낮에는 조용하여 좀 썰렁하고 칙칙한 느낌이 들지만, 저녁에 붉은 등이 켜지기 시작하면 어느 애니메이션의 한 장면처럼 생기가 돌기 시작한다. 좁은 자리에 앉아 한잔하고 있으면 나도 모르는 사이 옆좌석에 귀엽게 생긴 꼬마 유령이 앉아 살포시 웃으며 건배를 외칠 것 같다. 퇴근길 샐러리맨들이 주로 찾는 한큐 히가시도리의 선술집과 식당들은 그들의 주머니 사정을 이해하는 주인들이 있어 더욱 행복한 곳이다. 차갑게 쭉쭉 뻗은 고층건물 사이에서 빠져나온 샐러리맨들이 찾은 한큐 히가시도리는 '잘 왔어. 오늘도 수고 많았지?' 하고 등을 가볍게 두드리며 안아줄 것 같다.

한큐 히가시도리에는 다양한 드럭스토어와 만다라케가 입점해 있다. 점심에 들린다면 원조 스시 전문점인 젠로쿠 스시에서 감칠맛나는 회전스시를 먹어 보도록 하자.

헵 파이브 <쓰리 코인스>에서 구입한
양말과 계산기.
다양한 디자인이 많은 일본 양말은 패션아이템이다.
각각 315엔

point SHOP

플라자 PLAZA 잡화 전문 숍으로 일본 제품과 여러 나라에서 들여온 수입품들을 판매한다. 아시아보다는 유럽에서 들여온 물건들이 많으며, 먹을거리들도 상당히 인기가 높다. 각 시즌별로 한정판매 상품들은 아침부터 기다리는 손님들로 긴 줄을 연출한다. 기발하고 귀여운 아이디어 상품들에 눈길을 주다 보면 금새 시간이 지나간다. ◀ 헵 파이브

빔스 BEAMS 10,20대 일본 젊은이들에게 무한한 사랑을 받고 있으며 한국에도 많은 팬을 확보하고 있는 빔스는 의류, 가방, 액세서리, 소품 등을 판매하는 숍이다. 가격대가 높은 편이나 재질과 디자인 면에서 만족도 1위를 고수하고 있다. 따뜻하고 포근한 느낌의 내추럴한 스타일은 빔스만이 갖는 장점이다. ◀ 헵 파이브

시즌 한정 스노우볼
각 2,100엔

디즈니 DISNEY 말이 필요없는 캐릭터 천국 디즈니는 남녀노소를 불문하고 누구나 좋아하는 숍이다. 디즈니 캐릭터 인형과 각종 문구류와 의류, 액세서리에서 식품까지 디즈니의 모든 것을 만날 수 있다. ◀ 헵 파이브

로스엔젤레스 Los Angeles 캐주얼하고 활동적인 의류를 판매하는 숍으로 둘러보는 재미가 쏠쏠하다. 의상과 잘 어울리는 신발, 배낭에서 눈을 떼기가 힘들 정도로 갖고 싶은 아이템들이 넘쳐난다. 세일기간에 상관없이 부분 세일을 하고 있으며, 구제의류를 함께 판매하고 있다. 터무니없이 저렴한 제품은 구제임을 명심하도록 하자. ◀헵 파이브

죠리 JOLIE 여성의류를 판매하는 숍으로 누구나 편안하게 입을 수 있는 아우터, 가디건, 티셔츠 등을 판매한다. 10,20대 취향의 의상들이 가득하다. ◀헵 파이브

구제 셔츠 각 1,000엔

쓰리 코인스 3COINS 300엔. 정확히 말하면 부가세 5%가 붙은 315엔 숍으로 없는 것 빼고는 다 있는 잡화숍이다. 315엔이지만 기능이나 견고성에서 결코 문제가 없는 검증된 것만 판매하고 있다. 가격대비 만족도가 높아 여행 선물 구입하기에 좋은 곳 중 하나다. 물건을 고르다 보면 메이드 인 코리아를 만나는 흐뭇함을 느낄 수 있다. ◀헵 파이브

900엔

투 이즈 원 TWO IS ONE
비틀즈의 멤버인 존 레논과 그의 아내 오노 요코를 모티브로 의류, 소품, 액세서리 등을 판매하는 숍이다. 아직까지도 많은 팬을 가지고 있는 비틀즈의 존 레논을 모티브로 디자인한 것은 아마도 그의 부인이 일본인이기 때문이 아닐까. 심플한 디자인과 두 사람의 얼굴을 캐리커쳐한 상품들이 돋보이나 가격은 고가다. ◀헵 나비오

콘 포퍼스 CORN POPPERS
피규어 전문 숍으로 신제품에서부터 중고 피규어까지 다양한 제품들이 판매된다. 조립식 피규어는 가격도 저렴하다. 캐릭터를 이용한 열쇠고리, 핸드폰 케이스, 컴퓨터 마우스 등 컴퓨터 관련 부속품들도 판매하고 있다. ◀한큐 히가시도리 상점가

드러그 모으스원 Drug More's One
한큐 히가시도리 상점가의 드럭스토어로 의약품과 식품, 화장품, 생활용품 등 다양한 잡화들이 1~2층에 가득하다. 우메다 지역의 드럭스토어 중 가장 저렴한 곳으로, 퇴근 시간에는 생필품을 구입하는 사람들로 붐빈다. ◀한큐 히가시도리 상점가

유후리 ゆふり
오코노미야키의 고장답게 오사카에는 이름난 오코노미야키집이 많다. 그중 유후리는 한큐 히가시도리의 대표적인 맛집으로 손꼽힌다. 상점가를 걷다 보면 건물에 반을 차지하는 거대한 간판 때문에 눈을 돌리게 되는 집이다. 어떤 것을 먹어도 맛있으니 아직 먹어보지 못했다면 기대해도 좋다. ◀한큐 히가시도리 상점가

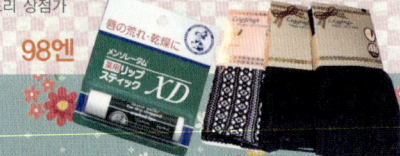

98엔

각 157엔

[유행 코드+라이프 스타일 코드 에스토, 로프트

EST, LOFT

우메다역을 나오면 대개 대관람차가 있는 헵 파이브에 시선을 먼저 주기 마련이다. 때문에 헵 파이브 왼쪽편에 위치한 에스토를 쉽게 지나치는 경우가 많다. 에스토는 JR 오사카역과 이어진 고가도로 아래 길게 자리 잡은 1층 건물로, 신경 써서 찾지 않으면 잘 보이지 않을 수 있다. 여성의류를 중심으로 잡화, 신발 등을 판매하고 있으며 조그마한 카페와 레스토랑들이 여성스럽게 자리하고 있다. 오사카의 최신 유행을 알고 싶다면 다른 곳보다 이곳 에스토에 가는 것이 좋다. 10~20대들의 쾌활하고 사랑스러운 패션 트렌드를 볼 수 있

다. 에스토는 한국 여행객을 포함한 외국 여행객들에게 알려져 있는 곳이 아니기 때문에 좀 더 일본스러운 모습을 만날 수 있다. 통유리로 둘러싸인 건물에는 그리 길진 않지만 다양한 아이템들이 구비되어 있어 쇼핑의 재미를 두 배로 만들어준다. 오사카에서도 물가 높기로 유명한 우메다에서 중저가의 제품을 선보이는 에스토는 패셔니스타들이 꼭 찾아 가야 할 잇 플레이스이다.

로프트는 일본을 한 번쯤 방문한 사람이나 일본에 관심 있는 사람이라면 누구나 알고 있는 생활 잡화 전문점이다. 일본에 처음 갔을 때 3박 4일 동안 로프트만 3~4차례 방문했던 기억이 있다. 우리나라에는 없는 예쁘고 다양한 문구류들과 미술용품들은 발걸음을 붙들어놓기에 충분하다. 로프트는 편리한 라이프 스타일을 모토로 문구류, 주방용품, 목욕용품, 가구 그리고 화장품에 이르기까지 생활 전반에 걸친 생활용품을 취급하는 대형 쇼핑몰이다. 특히 우메다의 로프트는 간사이 지방에서 가장 큰 지점으로 대형 인테리어 가구들도 갖추어져 있다. 지하 1층에서 지상 9층까지 원하는 물건들 대부분을 찾아볼 수 있으며 우리에게도 익숙한 무지루시료힌 MUJI도 입점해 있다. 각 코너마다 사람들로 붐비지만 다 둘러보지 못한다면 5층 생활잡화 숍만 구경하는 것도 좋겠다.

<로프트>에서 구입한
촉감 좋은 수면 인형.
안고 자면 잠이 솔솔~
890엔

point SHOP

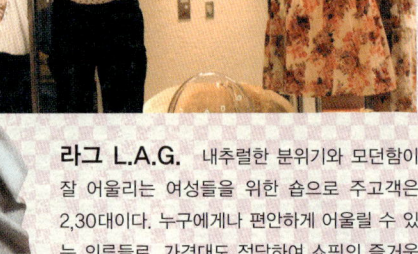

미스틱 mystic 여성스러움이 한껏 돋보이는 미스틱은 사랑스럽지만 섹시한 스타일의 옷을 추구한다. 귀여운 토끼귀가 달린 머리띠, 토끼꼬리가 달린 반바지, 알록달록 무지개 빛깔의 스타킹 등 특별한 날을 위한 코디는 미스틱에 맡겨보자. ◀에스토

라그 L.A.G. 내추럴한 분위기와 모던함이 잘 어울리는 여성들을 위한 숍으로 주고객은 2,30대이다. 누구에게나 편안하게 어울릴 수 있는 의류들로, 가격대도 적당하여 쇼핑의 즐거움이 커지는 곳이다. ◀에스토

10,290엔

2,800엔

안나수이 ANNA SUI 두말할 필요 없는 안나수이. 귀엽고 사랑스러운 의류들은 꼭 한번 입어보고 싶은 아이템이다. 안나수이만의 고유 패턴을 살린 의류들이 돋보인다. ◀에스토

58,800엔

나르코티크 Narcotique 2,30대가 주로 찾는 숍으로 고급스러움이 돋보이는 의류들과 그에 걸맞은 액세서리, 지갑 등을 판매한다. ◀에스토

7,245엔

10,500엔

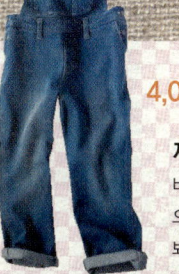

4,095엔

제리 빈스 JELLY BEANS 캐주얼 의류 전문숍으로 다양한 스타일의 청바지와 셔츠 등을 판매한다. 스타일리시한 숍 직원들이 코디법도 알려주며 적극적으로 판매하는 모습이 인상적이다. 청바지를 좋아하는 사람이라면 꼭 한 번은 들려 봐야 할 곳이다. ◀에스토

1,260엔

1,751엔

7,245엔

2,310엔

882엔

420엔

로프트 Loft 간사이 지방에서 가장 큰 우메다 로프트는 구경하는 것만으로도 엄청난 시간이 걸린다. 각 층마다 특색 있는 제품들의 돋보이는 아이디어에 탄성이 나오기도 한다. 주방용품, 생활용품, 의류, 액세서리, 사무용품뿐만 아니라 스포츠용품과 한국으로 가져가기엔 무리가 있는 가구도 판매하고 있다. 특히 무라사키 스포츠가 입점해 있어 스노우보드나 서핑용품을 구입할 수 있으며, 빌리지 뱅가드에서는 일본에만 있는 기억에 남을 만한 독특한 선물을 골라보는 것도 좋겠다.

우메다 지역 81

오사카 최대의 지하 쇼핑몰, 화이티 우메다
이탈리아 거리, 디아모르 오사카
모던스타일, 이마

WHITY UMEDA, DIAMOR OSAKA, E-MA

초창기에 일본 관광객들이 처음 한국에 와서 쇼핑하는 대표적인 장소로 뽑은 곳이 명동 지하상가나 롯데백화점 아케이드 거리였다. 그 말을 듣고 참 의아해했다. 명동, 동대문, 남대문을 놔두고 왜 갑갑하고 가격도 비싼 지하상가에서 쇼핑을 할까? 그 이유는 일본을 몇 번 다녀본 사람이라면 금방 알 수 있다. 일본은 지하상가와 아케이드 거리의 쇼핑이 월등하게 발달해 있다. 일본의 쇼핑 장소를 얘기할 때 지하상가와 아케이드를 빼고는 얘기할 수 없을 정도다.

화이티 우메다 WHITY UMEDA와 디아모르 오사카 DIAMOR OSAKA

역시 지하에 위치한 거대한 쇼핑몰이다. 화이티 우메다는 길이 1.8km의 오사카 최대 지하 쇼핑몰로, 오사카역과 우메다역 지하에 연결되어 있다. JR 오사카역, 한신·한큐 우메다역, 지하철 히가시우메다역과 서로 얽혀 있어 굳이 화이티 우메다를 찾아가는 길이 아니더라도 지하상가를 헤매다 보면 만나게 될 확률이 99%다.

밝고 고급스러운 인테리어의 지하 쇼핑몰인 화이티 우메다는 동서남북으로 나뉘어 4개의 테마로 구성되어 있다. 중앙에 만들어 놓은 이국적인 분위기의 인공분수는 만남의 장소로 이용되는 곳이다. 다양한 상점이 입점해 있으며 비가 내리는 날에는 더 많은 사람들이 찾아든다.

디아모르 오사카는 이름에서 느껴지듯 이탈리아의 거리 모습을 재현해 놓은 지하 쇼핑몰이다. 여느 지하 쇼핑몰과는 달리 바닥에 깔린 대리석과 하얀색 기둥이 디아모르 오사카를 좀 더 고급스럽게 만들고, 지상과 연결되는 높은 유리 천장에서 쏟아지는 햇빛은 경쾌하다. 캐주얼, 패셔너블, 버라이어티, 마켓이라는 4개의 테마로 구성된 쇼핑몰에는 약 100여 개의 상점이 들어서 있다. 저렴한 비용에 맛있는 식사를 해결할 수 있는 식당들이 많은 것도 큰 장점이다. 화이티 우메다와 바로 연결되어 애써 찾지 않아도 어느 순간 화이티 우

메다가 아닌 디아모르 오사카에서 쇼핑을 하고 있을 수 있다. 화이티 우메다와 디아모르 오사카 모두 굉장히 넓고 복잡하기 때문에 꼭 들릴 곳이 있다면 미리 위치를 파악하고 움직여야 한다.

디아모르 오사카와 연결되어 있는 이마 E-MA는 쇼핑몰과 영화관, 레스토랑, 카페, 극장이 모여 있는 최첨단 복합 엔터테이먼트 빌딩이라고 할 수 있다. 지하 2층, 지상 13층으로 구성된 건물의 디자인과 인테리어는 유명 아티스트의 작품이라고 한다. 이마의 로고와 입구에 서 있는 직사각형의 프레임은 모던함과 세련됨이 공존하는 이마를 대신 말해주는 듯하다. 지하와 1층에 위치한 카페와 레스토랑은 우메다에서 가장 핫한 곳이다. 지하 2층~지상 6층까지는 디젤, 유나이티드 애로우즈 등 이름만 들어도 알 만한 젊은 취향의 패션숍이 입점해 있다. 7~13층에는 7개의 영화관이 있어 주말에는 영화보는 관객까지 더해져 발 디딜 틈이 없다. 이마는 아직 외부 쇼핑객들에게 잘 알려져 있는 곳이 아니므로 남들이 가지 않는 독특한 쇼핑 장소를 원한다면 이마를 추천한다. 쇼핑과 먹을거리의 두 마리 토끼를 잡을 수 있고, 오사카의 생생한 젊음을 느낄 수 있다.

point SHOP

마우아 MAUA 여름 휴양지를 떠오르게 하는 마우마의 독특한 스타일은 화이티 우메다에서 단연 돋보인다. 내추럴한 스타일은 누구나 가볍게 소화할 수 있는 옷으로 20~40대 여성들의 폭넓은 지지를 받고 있다. 가격대도 저렴하여 쇼핑의 즐거움이 더욱 커진다. ◀화이티 우메다

언라인 Un Lined 파스텔톤에 때로는 강렬한 색상을 자랑하는 언라인의 속옷은 여성이라면 누구나 눈길을 주게 마련이다. 속옷에도 이런 색깔을 줄 수 있을까 싶을 정도로 다양한 색상과 디자인을 만날 수 있다. 한국에서 보기 어려운 다양한 사이즈들이 있는데 숍마스터가 나도 모르는 나의 치수를 찾아준다. 속옷임에도 피팅룸에서 입어볼 수 있다는 장점이 있다. ◀디아모르 오사카

제너럴 스탠다드 JOURNAL STANDARD 오사카 젊은이들의 핫플레이스인 이마에서 돋보이는 숍 중 하나인 제너럴 스탠다드는 남성들을 위한 숍이다. 편안한 느낌을 주는 셔츠와 베이직한 자켓과 바지, 세미 정장 스타일은 모든 남성을 엣지있게 만들어 줄 수 있을 것 같다. ◀이마

2

오사카 잡화 공장
미나미 지역

남바역 중심
남바 시티, 남바 파크스
NAMBA CITY, NAMBA PARKS

오사카를 여행하는 사람이라면 누구든, 아마도 그 시작은 미나미오사카 지역의 중심지인 남바가 아닐까. 남바는 오사카의 중심이자 간사이로 들어오는 모든 비행기의 도착역과 같은 곳이다. 그런 이유로 많은 여행객들이 여행코스를 정할 때 대부분 남바역을 중심으로 그림을 그린다.

여행의 달인이라 자부하는 사람도 막상 남의 나라에 떨어지는 순간 왠지 모를 두근거림과 설렘 그리고 알 수 없는 두려움이 구렁이 담 넘듯 엄습해온다. 아마도 이것은 여행이 주는 묘한 셀렘의 표현일 것이다. 오사카에서 길을 잃어 약간의 두려움이 생기거나, 오랜 여행으로 외로움에 지쳐갈 때, 기운을 내고 싶은 날이면 나는 자양강장제를 찾듯 남바로 간다. 피부색부터 다른 세계 각국의 사람들이 몰려 있고 알아들을 수 없는 언어들이 여기저기서 들려와도 시끌시끌한 그곳이 오히려 안정감을 가져다준다. 길을 가는 사람들을 붙들고 오사카의 중심이 어디냐고 물어본다면 거짓말 조금 보태어 100명 중 99명은 모두 남바와 그와 이웃하고 있는 신사이바시, 에비스바시를 말할 것이다. 외국 여행자는 물론 일본 내국 여행객들에게도 남바 지역은 볼거리, 즐길거리 그중에서도 살거리가 넘쳐나는 쇼핑 천국이다.

남바 지역은 간사이공항과 연결되는 난카이센과 긴테츠센 그리고 여러 개의 지하철 노선이 연결되어 있어 오사카에 왔다면 누구나 거쳐 가는 곳이다. 대형 백화점을 비롯해 다양한 테마로 꾸며져 있는 쇼핑타운들, 그 길이를 짐작할 수 없는 사방으로 늘어선 아케이드는 보는 것만으로도 만족도에서 월등한 곳이다.

난카이센을 타고 남바역에 도착했다면 지금부터 무거운 짐은 코인락커에 맡겨두고 1년 365일을 해도 질리지 않는 쇼핑 삼매경에 빠져보자. 무엇을 상상해도 그 이상의 즐거움이 우리를 기다리고 있다.

난카이센을 타고 남바역에 도착하면 제일 먼저 만나는 곳이 다카시마야 백화점이다. 쇼핑 봉투에 그려진 꽃 패턴만큼 여성스러움이 물씬 풍기는 백화점으로, 난카이 남바역과 함께 오고 가는 사람들을 배웅하고 있다. 다카시마야 백화점이 익숙한 사람들도 있겠지만 아마 다이마루나 미츠코시, 파르코 백화점만큼 익숙하지는 않은 곳일지도 모른다. 다카시마야 백화점은 오사카에 본사를 두고 일

본 내 20여 점포, 해외에 2점포를 두고 있다. 여느 백화점과 비교해 손색이 없으며 특히 고급스러움을 추구하는 3,40대의 여성들이 많이 찾는다. 출국 시 여행 선물을 구입하지 못했다면 이곳에 잠시 들려 일본 전통 화과자나 손수건, 스카프 등을 구입해도 좋다.

남바역 지하 쇼핑로를 걷다 보면 남바 시티와 만나게 된다. 남바 시티는 지하 1,2층에 자리 잡은 원스톱 쇼핑센터로 레스토랑과, 카페, 음식점, 다양한 상점들이 미로처럼 늘어서 있어 하루 온종일 있어도 지루할 틈이 없다. 연결된 지하통로를 이용해 출퇴근하는 사람들과 많은 쇼핑객들로 언제나 붐비는 활기 넘치는 곳이다. 주로 의류 쪽이 강세를 보이며, 대개의 쇼핑센터가 특정 타깃층에 한정되어 있는 것에 반해 남바 시티는 남녀노소 누구나 쇼핑할 거리들이 가득하다. 게다가 물가 비싼 일본에서 저렴한 가격에 맘에 드는 물건을 구입할 수 있는 장점이 있다. 세일기간에 방문한다면 양손 가득 쇼핑봉투를 들고 룰루랄라 콧노래를 부르며 나오게 될 것이다.

내가 8월 세일기간에 맞춰 이곳을 방문했을 때 가을 준비를 위한 세일이 막바지에 다다르고 있었다. 그날은 쇼핑이 목적이 아니었으나 맘에 드는 청색 셔

츠가 있어 가격을 물어보니 800엔. 내 귀를 의심하며 다시 한번 재차 확인을 하니 진짜 저 멋진 셔츠가 800엔이란다. '아니, 뭐라구요?' 하고 크게 소리칠 뻔한 감격을 애써 누르고 바느질이며, 단추 상태, 구멍 난 곳이 없나 꼼꼼히 살폈다. 100엔짜리 8개와 텍스로 10엔짜리 4개를 쥐여주고 점원의 친절한 인사를 받으며 나오는 발걸음은 구름 위를 걷는 것이 이런 기분이 아닐까 싶었다.

일본에서 세일 폭이 가장 큰 기간은 여름과 겨울이다. 이 기간에 쇼핑 여행을 하다면 원하는 상품을 저렴하게 구입할 수가 있는데 세일 폭은 날짜가 뒤로 가면 갈수록 더 커진다. 다시 말해 처음엔 20% 했던 물건이 막바지에 가면 90%까지 간다는 것이다. 내가 고른 딱 한 벌 남은 셔츠에는 80%라는 이름표가 달려 있었으니 원래는 4000엔? 얼마였든 원하던 것을 저렴하게 구입했으니 그걸로 대만족이다. 이후로 나는 본래의 방문 계획은 뒷전으로 미루고 쇼핑에 홀릭하고 말았다.

남바 시티의 지하세계는 아무 생각 없이 쇼윈도만 보고 걷다 보면 길을 잃고 계속 같은 곳을 뱅글뱅글 돌게 된다. 거리마다 비치된 표지판을 보고 이동하

는 것이 좋다. 남바 시티에서 또 하나 독보적인 것은 남성복 코너가 충실하다는 것. 일본을 방문하면 유독 옷 잘 입는 미소년이 많은 이유가 여기에 있다. 우리나라에도 대형 쇼핑몰에 남성복 층이 따로 있기는 하지만 어쩐지 좀 칙칙하다는 느낌이 들어 그 층은 그냥 지나쳐버리기 일쑤. 우리나라 남성들이 예쁘게(?) 외모를 꾸미기 시작한 것은 근래의 일이다. 하지만 일본은 오래전부터 남성을 위한 화장품이나 의류, 액세서리들이 다양하게 쏟아지고 있어 다양성에서는 우리보다 좀 더 앞서 있는 것이 사실이다.

십여 년 전 도쿄 지하철역에서 눈썹을 칼처럼 날렵하게 정리한 남성 역무원을 보고 깜짝 놀랐던 적이 있다. 그들에겐 자연스러운 일이 나에게 그리고 당시 한국인에겐 '어머, 남자가 눈썹 정리했네' 하며 조금 이상하게 생각됐던 것이 사실이다. 어찌 되었거나 일본에서는 어느 쇼핑몰을 가건 남성복 코너가 잘 갖추어져 있고 들어가고 싶은 맘이 생길 정도로 예쁘고 감각적인 남성복들이 디스플레이되어 있다. 그 밖에도 완소 시계가 방긋 인사하고 있는 액세서리 숍, 악기 숍, 일본 어딜 가든 쉽게 만날 수 있는 드럭스토어들이 있으며 피규어계의 명품들이 진열된 중고 피규어 숍이 있다. 낡아 페인트칠이 벗겨진 15cm 정도의 아톰 피규어가 8,900엔, 이름 모를 선수의 때 묻은 야구 글러브가 58,000엔, 소녀들의 영원한 친구 브리스 인형이 다양한 패션감각을 뽐내며 방긋 웃는다. 저렴한 피규어도 있으니 피규어 모으기 삼매경에 빠져 있다면 꼭 들러봐야 하는 곳이다.

한동안 남바 시티에서 시간을 보냈다면 표지판을 따라 남바 파크스로 발길을 돌려보자. 지하의 답답함을 벗어나자마자 도시 한가운데 이런 공간이 있다는 것에 대해 사뭇 놀라게 될지도 모른다. 남바 파크스의 건물을 보자마자 문득 후쿠오카의 캐널시티가 생각났다. 캐널시티처럼 수로와 분수가 있어 화려함을 더해주는 건 아니었지만 아마도 건축물이 가지고 있는 유연한 곡선과 그 곡선을 따라 곱게 내려진 담쟁이덩굴 때문일 것이다.

남바 파크스는 원래는 야구장으로 사용되었다고 한다. 그 넓은 부지를 재개발하여 오피스타운, 주거 공간, 카페, 레스토랑, 쇼핑몰, 거기에 영화관까지 갖춘 복합공간으로 재탄생하였다. 남바 시티와 마찬가지로 이곳 또한 3층에 남성복 코너가 마련되어 있으며, 4층 인테리어 매장은 어디에서도 볼 수 없었던 특이한 소품들이 판매되고 있다. 가격 면에서는 남바 시티에 비해 비싼 편이

나 많은 마니아층을 형성하고 있으며 약속 장소나 데이트 장소로 많이 이용되는 핫한 곳이다.

퇴근 시간에는 남바 파크스의 통로를 통해 바삐 움직이는 오사카의 직장인들을 만나게 된다. 그들의 모습을 한쪽 구석에 앉아 지켜보고 있으면 현재 일본의 패션 트랜드와 그들의 it item을 엿볼 수 있다. 주말에는 잡지사의 기자들이 나와 사진을 찍고 인터뷰하는 모습도 심심찮게 볼 수 있다.

신나는 쇼핑이 끝날 즈음 남바 파크스에서 예쁜 카페를 찾아 달콤함을 즐기는 시간을 가져보자. 쇼핑이 목적이지만 잘 먹는 것도 쇼핑을 잘하기 위해 필요한 시간이다. 그릇에 담겨 나온 모양마저도 너무나 사랑스러운 달콤한 아이스크림과 사르르 깔끔하게 목을 타고 내려가는 셔벗은 쇼핑으로 지친 다리를 편안하게 만들어 준다.

point SHOP

애프터눈티 리빙 Afternoon Tea Living
한국에도 많은 마니아 층을 가지고 있는 Afternoon Tea. 그중에서도 센스와 감각이 넘치는 리빙 제품은 독보적이라고 할 수 있다. 거친 뿌리식물의 껍질을 벗겨내는 장갑, 요리를 즐겁게 해주는 앞치마, 세워놓는 밥주걱 등은 아이디어 상품으로 인기 절정이다. 100엔 숍에도 이와 비슷한 제품이 판매되고 있지만 두 가지를 다 사용해본 내가 내린 결론은 싼 게 비지떡! ◀남바 시티

라운드리 LAUNDRY
티셔츠 전문 의류 숍으로 라운드리의 캐릭터를 이용한 다양한 셔츠와 우리에게 익숙한 캐릭터, 캐리커쳐, 로고나 마크를 이용한 재미있는 셔츠들이 많다. 특히 다른 곳에 비해 칼라 매치가 뛰어나 일본 여행 시 라운드리가 보이면 꼭 들어가게 되는 달콤한 숍이다. ◀남바 시티

각 1,260엔

플라자 PLAZA
일본 여행 경험이 있는 사람이라면 한 번쯤은 스쳐 지나가는 곳이다. 먹거리에서부터 화장품, 문구, 생활용품 등을 판매하는 토탈 숍이다. 주로 유럽에서 수입한 제품들을 판매하고 있다. ◀남바 시티

2,850엔

레트로 베이스 퍼니쳐 RETRO BASE FURNITURE
모던한 레트로 풍의 다양한 잡화점으로 숍 구석구석이 보물찾기하듯 재미있다. 촌스럽다 못해 웃음이 절로 나오는 생활용품들과 비닐과 캔버스천을 이용한 가방들은 이곳의 베스트 상품. 알록달록 다양한 캐릭터들이 활짝 웃고 있는 양말은 지나가는 손님을 붙잡는 깜직한 무기가 되어 필요하지도 않은 양말을 열심히 고르게 된다. ◀남바 시티

빌리지 뱅가드 VILLAGE VANGUARD
상상을 초월하는 엽기적인, 거기에 아이디어까지 더해진 재미난 소품 천국. 구경하는 것만으로도 많은 시간을 투자해야 하는 기막힌 물건들이 가득한 곳이다. 기억에 남는 독특한 선물을 준비하기에 좋은 숍으로 추천한다. ◀
남바 시티

3,800엔

1,980엔

1,980엔

3,980엔

무지 MUJI
한국인들뿐만 아니라 일본인들이 가장 사랑하는 브랜드. 의류에서부터 생활용품, 식품 등으로 구성되어 있으며 한국에서는 찾아보기 힘든 다양한 아이템들로 가득하다. 가격면에서 주머니 가벼운 여행자들을 기쁘게 해준다. 모던하고 깔끔한 디자인과 아이디어 넘치는 제품들은 먹어도 먹어도 물리지 않는다는 과자처럼 써도 써도 질리지 않는다. 다카시마야 백화점 서쪽 출구 맞은편에 대형 MUJI 매장이 자리하고 있다. 지하에는 카페도 있으니 쇼핑 중에 아픈 다리를 잠시 쉬어도 좋겠다. ◀남바 시티

아레노트 arenot 리빙용품을 중심으로 한 생활용품 숍으로 상상을 뛰어넘는 독특한 아이디어가 돋보이는 곳이다. 살아 움직이는 듯한 장식용 새들과 꼭 안아주고 싶은 강아지 쿠션은 아레노트의 베스트 상품이다. ◀남바 파크스

모모 네추럴 Momo Natural 냄비, 후라이팬, 도마, 주전자 등 상호명이 주는 느낌 그대로 심플하고 내추럴한 분위기의 주방용품을 판매하는 숍이다. ◀남바 파크스

4,725엔

대 7,800엔 / 중 5,800엔 / 소 3,500엔

디자인 티셔츠 스토어 그라니프 Design Tshirts Store graniph 그래픽 티셔츠 전문 숍이다. 둥그런 투명 원통에 담아주는 이곳만의 독특한 포장으로 더욱 인기를 끌고 있으며 한 벌보다는 두 벌을, 두 벌보다는 세 벌을 구입할 때 훨씬 더 저렴하다. 티셔츠에 프린트된 다양한 그래픽이나 캐릭터, 문양, 그림 등은 이곳만의 감각을 엿볼 수 있다. 유명 만화가나 화가들과 함께 콜라보레이션으로 작업하여 매 시즌마다 다양한 셔츠를 선보이며 꾸준한 사랑을 받고 있다. 연인과 함께 왔다면 그라피니에서 커플티를 구입해 입어보는 건 어떨까. ◀남바 파크스

오사카 쇼핑 1번지,
남바, 신사이바시, 에비스바시
NAMBA, SHINSAIBASHI, EBISUBASHI

신사이바시, 에비스바시는 관광객들이 가장 많이 모여드는 곳으로 1년 내내 많은 사람들로 북적인다. 도톤보리 입구를 보고 섰을 때, 도톤보리 강을 건너 왼편은 신사이바시 상점가, 그 길을 계속 따라 올라가다 보면 미나미센바를 만나게 된다. 입구에는 최근 오픈한 한국인들이 좋아하는 H&M의 거대한 숍이 있다. H&M은 중저가 브랜드 숍으로, 한국보다 가격이 비교적 저렴하고 한국에서는 볼 수 없는 디자인의 의류와 액세서리 등을 만날 수 있다. 손님의 80% 이상이 한국 여행객으로 H&M에 대한 무한 애정을 느낄 수 있다. 세일 기간에는 일정금액의 의류를 구입하면 1,000엔을 바로 상품권으로 돌려주는 등 다양한 이벤트들이 펼쳐져 숍 입구를 시작으로 도톤보리 강 주변에 길게 늘어선 줄을 볼 수 있다. 오른쪽 스타벅스가 입점한 서점 옆은 에비스바시 상점가로, 다양한 숍에 마음을 뺏기다 보면 어디까지가 신사이바시였는지 모르고 지나치는 경우가 많다. 도톤보리 스타벅스는 오사카인들과

해외 관광객들의 약속 장소로 상당히 복잡하다. 처음 오사카로 여행을 왔을 때 이곳 신사이바시에서 누군가에게 신사이바시가 어딘지를 물었던 적이 있다. 지금 생각하면 어이없는 일이었지만 그때는 난감하기만 했었다.

남북으로 길게 뻗은 신사이바시 상점가는 다이마루, 파르코, 소고 등의 대형 백화점과 대형 쇼핑몰인 OPA와 나란히 이웃하고 있다. 미나미센바 방향 끝으로는 독특한 건축물을 자랑하는 자라 ZARA와 유니클로 UNIQLO 대형 숍을 만날 수 있다. 두 브랜드를 좋아하는 여행객이라면 꼭 들려 새로운 디자인의 아이템을 남들보다 먼저 만나보도록 하자. 아케이드를 벗어나 큰 대로변으로 나오면 은행나무 가로수길로 샤넬, 루이비통, 구찌 등 명품 브랜드 숍이 늘어서 있는 미나미센바 지역을 만나게 된다.

신사이바시가 자랑하는 것은 마츠모토 키요시 같은 드럭스토어들이다. 각종 화장품과 식품, 특히 다양한 약품 등을 비교적 저렴한 가격에 판매하는 곳이 많아 쇼핑을 원하는 여행객들의 기쁨의 장소로 불린다. 일본 쇼핑 여행에 있어 드럭스토어 쇼핑은 빠져서는 안 되는 중요 항목 중 하나다. 숍마다 가격이

<카와치>에서 구입한 가죽 펜꽂이 2,310엔
목걸이로 멜 수 있어 여행 중 메모하기에 좋고,
엣지있는 선물로도 그만이다.

달라 일일이 비교할 수는 없지만 크게는 100엔 이상 차이가 나는 곳도 있으니 미리 정보를 수집하는 것도 한 방법이다. 크기와 효능이 각기 다른 파스와 밴드에이드, 각종 연고들을 구입할 수 있다. 일본 제품의 품질이 우수하다는 것은 사용해 본 사람이라면 모두 아는 사실. 우연히 구입하게 되었더라도 절대 후회가 없다. 그 외에 크고 작은 숍들과 맛집들이 서로 어우러져 원스톱 쇼핑이 가능하며, 특급 브랜드는 아니지만 대중적으로 잘 알려진 브랜드의 숍들로 구성되어 만족할 만한 쇼핑을 즐길 수 있다.

에비스바시 또한 상점들로 빼곡히 채워져 있다. 신사이바시와는 크게 다를 게 없지만, 신사이바시 상점가보다는 좀 차분한 분위기가 흐른다. 주로 옛 정서를 풍기는 숍들과 신발, 가방, 모자, 액세서리 등 패션 소품 위주의 숍들이 늘어서 있으며 이름 있는 브랜드보다는 보세 숍들이 대부분이다.

신사이바시에서 에비스바시로 직진하여 걷다 보면 에비스바시 상점가 중간 왼쪽 골목에 호젓이 자리한 호젠지 요코쵸를 만난다. 소박한 작은 술집들이 좁은 골목에 일렬로 자리하고 있는데 퇴근 후 주변 샐러리맨들이 찾는 작은 안식처와 같은 곳이다. 물가 비싼 일본에서 조금은 저렴하게 분위기를 낼 수 있다. 저녁시간에 집마다 켜진 홍등은 사진 포인트가 되기도 한다.

신사이바시나 에비스바시에서 한 끼 식사를 해결한다면 회전스시는 어떨까. 각종 안내책자에 보면 '여기가 맛있다, 저기가 싸다, 무한정 먹을 수 있다'는 등 갖가지 설명이 페이지를 장식하지만 일본에서 먹는 회전스시는 어느 집을 들어가도 보통 이상은 된다. 최근 오사카에서 현지인들이 많이 가는 맛집으로 인기몰이 중인 회전스시 체인점 간코 がんこ는 특별한 스시를 제외하고는 대부분 한 접시를 105엔에 먹을 수 있다. 맛은 두말하면 입 아프다. 일정 금액을 내면 정해진 시간(대개 2시간) 내에 무한정 먹을 수 있는 회전스시집도 있지만 양으로 승부할 게 아니라면 권하고 싶지 않다. 밥 위에 얹어진 회가 밥알이 비칠 정도로 얇아 먹는 내가 무안할 정도였다. 하지만 어느 집을 선택하든 즐기는 건 본인에게 달렸으니 어쨌든 맛난 회전스시를 먹길 바란다.

point SHOP

스텝 Step 일본에 가면 꼭 쇼핑해야 하는 아이템 중 하나가 운동화이다. 한국에는 없는 다양한 모양과 컬러, 거기에 저렴한 가격까지! 스텝은 체인점으로 신사이바시에서 운동화를 가장 저렴하게 파는 집이라고 소문이 난 곳이다. 대부분의 운동화는 1,900엔부터 구입이 가능하며 세일기간에는 유명 브랜드임에도 500엔이라는 말도 안 되는 가격의 횡재를 얻기도 한다. 입구에서부터 큰 소리로 손님을 부르는 점원들의 목소리가 신사이바시 거리를 더욱 활기차게 만든다. ◀신사이바시

2,980엔

각 1,250엔~

도큐핸즈 TOKYU HANDS 두말할 필요 없는 도큐핸즈는 DIY용품부터 생활용품에 이르기까지 다양한 물건들이 집합해 있는 거대한 잡화점이다. 각 층마다 다양한 물건들이 보기 쉽게 정리되어 있어 쇼핑에 어려움이 없으나 넋 놓고 푹 빠져 있으면 하루 해가 지는지도 모르게 된다. 이곳은 실용성이 뛰어나며 아이디어가 돋보이는 물건들이 많다. 디자인도 모던하여 쉽게 질리지 않고 견고해서 오래오래 사용할 수 있다. 파티용품 코너의 상상을 초월하는 다양한 가면들을 쓰고 기념촬영을 해보는 것도 좋겠다. 물론 다른 사람에게 피해를 주지 않는 범위 내에서. ◀신사이바시

504엔

630엔

카와치 KAWACHI 1920년에 문을 연 문구잡화 매장으로 1,2층으로 구성되어 있다. 디자인 면에서 월등한 제품들은 자체 제작 상품으로, 여행 선물이나 기념품으로 간직하기에 그만이다. 캔버스천으로 만든 에코백은 카와치의 인기 상품 중 하나다. ◀신사이바시

스핀스 spinns 2층에 자리한 스핀스는 빨간색과 노란색의 S가 돋보이는 계단을 올라야 한다. 계단을 오르기 시작하면 팝아트를 연상하게 하는 벽면 장식이 여행자의 눈을 사로잡는다. 오너의 감각을 느낄 수 있는 스핀스의 주요 아이템은 의류. 사랑스럽기도 하고 개구지기도 한 의류들과 알록달록한 컬러는 개성이 가득하다. 쇼핑 목적이 아니더라도 한 번쯤 발도장을 찍을 만한 곳이다. ◀신사이바시

3,045엔

비쿠카메라 ビックカメラ 전자제품 1번지 비쿠카메라는 컴퓨터, 노트북, 카메라, 게임기 등 컴퓨터에 관한 모든것이 준비된 곳이다. 여러가지 컴퓨터 신제품들을 그 자리에서 만져볼 수 있어서 마니아들에게는 천국과 같다. 한국어를 구사하는 직원이 많아 쇼핑하는 데 어려움도 없다. 신사이바시의 비쿠카메라는 100엔숍이 맨 위층에 자리하고 있어서 1석 2조의 쇼핑을 할 수 있다. 생활용품에서 의류, 식품, 잡화 등 다양한 물건이 구비된 100엔 숍도 저렴하다는 생각에 하나 둘 바구니에 담다보면 과소비를 하게 된다. ◀신사이바시

하트댄스 Heartdance 귀금속과 액세서리 전문 매장으로, 붉은색의 철판으로 만들어진 벽은 에비스바시 거리에서 가장 먼저 눈에 들어온다. 마치 보석이 박힌 듯 반짝이며 건물 전체를 휘감은 숍 명은 시선을 끌기에 부족함이 없다. ◀에비스바시

재규어 백 jaguar bag 오사카에서 가장 저렴하게 가방을 구입할 수 있는 곳. 1년 365일 휴일 없이 세일하는 가방의 종류가 크기, 용도, 가격별로 다양하다. 에비스바시를 구경하다 보면 가방 더미에 시선이 저절로 움직인다. 어머니들이 좋아하는 크로백 종류도 다양해서 이곳에 오면 꼭 1~2개씩 사가게 된다. 맞은편에는 ABC 마트가 있다. ◀에비스바시

로코 시라 Roko Shira 중고 명품을 구입하는 데 있어 믿을 만한 곳이다. 우리나라는 중고 물건을 사용하는 게 아직 익숙하지 않지만 일본은 중고 물건에 대한 관심과 애착이 높아 활발한 거래가 이루어지고 있다. 중고 명품숍도 마찬가지로 굉장히 활성화되어 있으며 신사이바시와 에비스바시만 해도 여러 곳의 중고 명품숍이 있다. 일본 대부분의 돈키호테 숍 안에도 코너가 마련되어 있다. 중고 명품은 제품의 상태에 따라 S(미사용), A(약간 사용), B(사용해서 태닝됨), C(가죽이 갈라짐)로 나뉜다. ◀에비스바시

드럭스토어마다 가격 차이가 있으니
시간적 여유가 있으면 발품을 팔아보자.

드럭스토어 구석구석

퍼팩트 휩
278엔

휴족시간
598엔

안경닦는
티슈 280엔

눈청결제
600엔

민티아
88엔

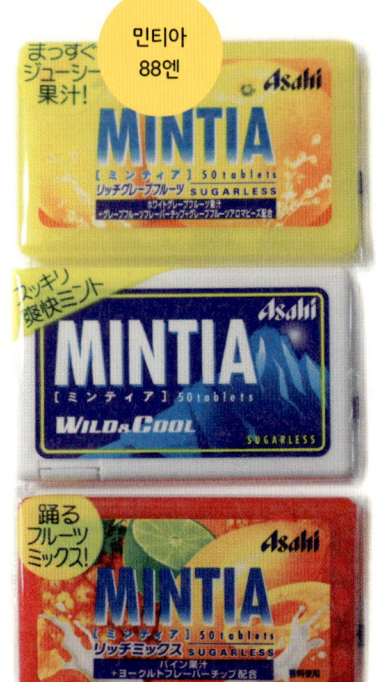

동전파스
598엔

치약
780엔

어린이
모기패치
438엔

미나미 지역 _ 105

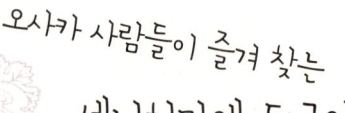

오사카 사람들이 즐겨 찾는
센니치마에 도구야스지
SENNICHIMAE DOGUYASUJI

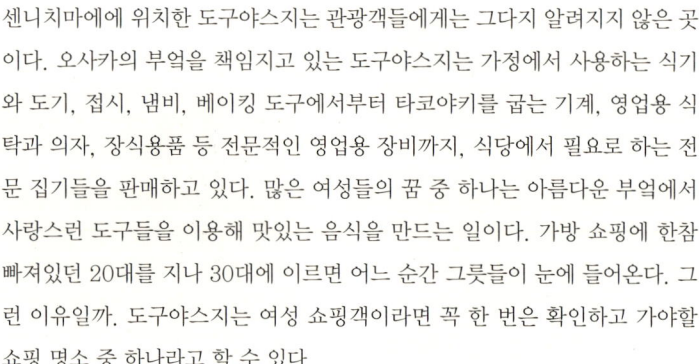

센니치마에에 위치한 도구야스지는 관광객들에게는 그다지 알려지지 않은 곳이다. 오사카의 부엌을 책임지고 있는 도구야스지는 가정에서 사용하는 식기와 도기, 접시, 냄비, 베이킹 도구에서부터 타코야키를 굽는 기계, 영업용 식탁과 의자, 장식용품 등 전문적인 영업용 장비까지, 식당에서 필요로 하는 전문 집기들을 판매하고 있다. 많은 여성들의 꿈 중 하나는 아름다운 부엌에서 사랑스런 도구들을 이용해 맛있는 음식을 만드는 일이다. 가방 쇼핑에 한참 빠져있던 20대를 지나 30대에 이르면 어느 순간 그릇들이 눈에 들어온다. 그런 이유일까. 도구야스지는 여성 쇼핑객이라면 꼭 한 번은 확인하고 가야할 쇼핑 명소 중 하나라고 할 수 있다.

난카이도리를 걷다 보면 검정 바탕에 빨간색으로 쓰여진 '道(길 도)'자를 발견하게 된다. 며칠 동안 근처에서 숙박을 하면서 그냥 지나쳤는데 어느 날 무심코 '이 안에 길[道]이 있을까?'라는 혼잣말을 중얼거리며 도구야스지 안에 발을 디뎠다. 대개 10시가 넘어 11시쯤 되서야 문을 여는 다른 상가들에 비해 9시인데도 벌써 오픈한 상점들이 많았다. 센니치마에에서 도구야스지는 짧은 거리지만 숨겨진 보물이 많아 호기심 가득하고 그릇에 관심이 많은 사람이라면 하루 종일 있을 수 있는 곳이다. 오사카에 간다는 말에 친구로부터 타코야키 후라이팬을 구입해 달라는 부탁을 받았었다. 동글동글한 판의 모양은 타코야키가 아니더라도 다른 것을 만들어 낼 수 있을 것 같다. 그것을 어디서 구입해야 할지 몰라 타코야키를 파는 점원에게 물어볼까 고민도 했었다. 그러던 중 바로 이곳에서 나는 타코야키 세상과 접하게 되었다. 도구야스지는 거짓말 조금 보태 모든 상점들이 타코야키 후라이팬을 팔고 있었다. 크기도, 종류도, 모양도 가지가지다. 가격도 생각보다 비싸지 않았으나 아무 생각 없이 한 손으로 타코야키 후라이팬을 들었다가 깜짝 놀랐다. 정말 너무너무 무거워서 팔이 떨어져 나가는 줄 알았다. 결국 구입을 포기해야 했고 나는 검지손가락에 파스를 붙여야만 했다. 도구야스지에서 눈여겨봐야 하는 것은 각종 식기류들이다. 생각지도 못한 저렴한 가격에 하나 둘 집다 보면 어느새 양손 가득 들고 있는 그릇의 무게에 놀라게 된다. 메이드 인 차이나지만 고양이가 그려진 일본 식기가 예뻐 100엔 샵에서 3세트를 구입한 적이 있다. 도구야스지에서는 메이드 인 재팬을 저렴한 90엔으로 만나볼 수 있다. 중국산이 모두 나쁜 건 아니지만 그래도 일본에 왔으니 이왕이면 일본에서 만들어진 물건을 사는 것이 좋지 않을까. 중국산이 엄청나게 밀려들어오는 건 일본도 마찬가지인 듯하다. 상점 앞 좌판에 붙여놓은 'NO CHINA, ONLY JAPAN'이라는 말이 요

즘의 상황을 대변하는 듯하다. 최근에 일본을 찾는 중국 관광객이 한국 관광객 수를 앞질렀다고 하는데 이 문구를 본 중국인들은 어떤 기분일까. 일본이나 중국에서 구입한 액세서리에 '메이드 인 코리아'라고 적혀 있으면 '역시, 우리나라가 이런 건 잘 만든다니까' 하며 난 조금 자랑스러웠었다. 중국인들도 나와 같은 기분일까?

도구야스지에서 타코야키 판만큼 눈에 많이 띄는 것은 빨간색의 영업등과 마네키네코들이다. 다양한 모양의 등은 일본 마츠리를 연상케하고 커다란 마네키네코는 손님을 부른다. 여행갈 때마다 하나씩 집어온 그릇과 찻잔들. 어느 순간부터 그냥 그게 취미가 되어버린 나는 이 짧은 거리에서 반나절을 있었다.

도구야스지를 빠져나오면 센니치마에 거리가 나오고, 조금 더 직진하면 맛 거리로 유명한 도톤보리가 나온다. 하지만 먹을거리는 도톤보리보다 센니치마에 거리에 몰려 있다. 오코노미야키와 타코야키, 구시카쓰, 라멘 가게, 회전스시집들이 양옆으로 늘어서 주린 배를 더욱 주리게 만들고 여기저기 서비스 맛배기 음식도 건네주곤 한다. 긴류라멘 분점도 있어 복잡한 도톤보리를 피해 여유롭게 일본 라멘의 찐한 맛을 즐길 수 있다. 센니치마에 거리에는 '요시모토 쇼텐가이'라는 코미디 극장이 있다. 이곳은 꿈을 이루고자 하는 사람들의 오디션 장이며 코미디 공연이 펼쳐지는 곳이다. 맞은편 서점의 자그마한 공터는 오디션 순서를 기다리며 연기 연습을 하는 사람들의 모임 장소로 쓰이는 듯하다. 벽을 보고 열심히 대사를 하며 몸짓, 발짓, 손짓하는 그들의 열정에 그리고 그들의 미래에 박수를 보낸다. 모두 꿈을 이루길 바래본다.

저렴한 가격에 비해 무게가 엄청났던
⟨센다⟩의 타코야키 후라이팬.
980엔

초밥의 본고장다운 ⟨야마카 도기⟩의 초밥 녹차컵.
기념품으로 부담 없이 선택할 수 있는 399엔

point SHOP

센다 千田 스테인레스 제품이 눈에 띄는 곳으로, 지하 1층에서부터 지상 3층까지 구성이 다양한 도구 상점이다. 도구야스지에서 가장 큰 상점으로 내부에는 여러 명이 한번에 오코노미야키를 해 먹을 수 있는 거대한 철판이 있다.

각 1,500엔~

日本製 ¥84 MADE IN JAPAN

오사카 칠기 주식회사 大阪漆器株拭會社 목기로 만든 식기와 도시락 그릇, 그 외 디스플레이할 수 있는 각종 모형들을 판매하고 있다. 모형은 진짜보다 더 진짜 같다.

야마카 도기 山加陶器 종류도 다양한 각종 컵, 잔, 그릇, 술병 등 식기를 판매하는 곳으로 상점 내부 가득 재미난 그림의 컵들이 많다. 기념품이나 선물로 구입해도 좋다.

각 1,200엔~

2,300엔

노랭 공방 のれん工房 노랭은 가게 입구에 내리는 천을 말한다. 대개 노랭이 묶여 있거나 올라가 있으면 지금은 영업 준비를 하고 있다는 표시가 된다. 스승님 밑에서 몇 년을 수련하고 독립한 제자에게 스승이 노랭을 선물했다고 한다. 노랭 공방의 노랭은 하나의 그림을 보는 듯하다. 계절에 맞게 그려진 다양한 그림들, 한 땀 한 땀 놓아진 수가 아름답다.

에이프라이스 A-プライス 도구야스지에 위치한 식품매장으로 주로 음식점에 들어가는 대용량의 식품을 판매한다. 종류가 대형 할인마트만큼 다양하지는 않지만 각종 소스와 장류, 커피 등은 훨씬 저렴하다. 식품에 관심 있는 여행자라면 꼭 들려보도록 하자.

각 6,000엔

오사카 속 남다른 장소
아메리카무라, 호리에
AMERICAMURA, HORIEA

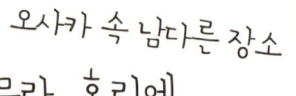

근처에 들어서면 입구에서부터 펄럭이는 성조기 때문에 여기가 아메리카무라라는 것을 단박에 알 수 있다. 아메리카무라의 상징인 삐에로 아저씨는 새단장하러 미국으로 넘어가신 건지 지금은 철거되었고 대신 삐에로 아저씨의 집인 톰스 하우스 앞에는 삐에로 아저씨의 사진 한 장과 함께 쪽지만 홀연히 남아 있다. 그래도 삐에로 아저씨와 마주보고 있던, 세계의 평화를 상징하는 벽화는 "여기가 나의 고향이야"라고 얘기하듯 그 자리 그대로 그곳을 지키고 있다. 책이나 화면을 통해 봤을 때는 그리 크게 느끼지 못했으나 직접 보니 거대하고 제법 멋있다. 그 앞에 서서 V자를 그리며 연신 카메라 셔터를 눌러대는 여행객들을 보며 '그래, 너라면 여기에 있을 만해. 잘 지켜주렴'하며 쓸데없는 당부를 해본다.

유독 아메리카무라에서 눈에 많이 띄는 것은 커다란 바지를 엉덩이가 거의 드러날 정도로 내려 입은 힙합퍼들과 현란한 머리모양에 얼굴에 할 수 있는 모든 곳에 피어싱을 한 펑크족 그리고 정체 모를 외국인들이다. 여행지라서 당연하겠지만 다른 곳에 비해 유독 외국인이 많아 그들에게 시선이 자꾸 가는 건 어쩔 수 없는 것 같다. 서울의 이태원과 같이 아메리카무라는 각양각색의 인종들이 쉴 새 없이 지나간다. 그래서일까, 거리에 들리는 음악도 남다르다. 어깨가 들썩들썩, 머리는 까딱까딱, 나도 모르게 힙합 음악에 맞춰 세 개의 손가락을 펼쳐보이며 "피이~스."

아메리카무라는 이름 그대로 '미국 마을'이라 부르던 데서 비롯된 곳이다. 원래 이 지역은 목재를 쌓아두던 창고였는데 1970년대 서핑족들이 들어와 미국에서 들여온 서핑용품과 미국을 비롯한 세계 각국에서 들여온 구제옷 등을 팔기 시작했다. 당시 젊은이들은 이곳에 열광하기 시작했고 '이곳에 가면 미국

제품을 볼 수 있고 살 수 있으며 마을이 미국 분위기가 난다'고 하여 아메리카 무라라고 이름 부르게 되었다. 당시 아메리카무라는 청소년 문화의 중심지가 되었고, 빈티지 마니아들이 모여들기 시작하면서 감각적이고 특색 있는 패셔니스타들의 단골 장소로 지금까지 그 유명세를 타고 있다. 한때 청소년들과 외국인들이 몰려들면서 치안 문제가 대두되어 지금도 아메리카무라 곳곳에는 100여 개의 감시 카메라가 24시간 가동되고 있다.

쇼핑 포인트는 다양한 컬러의 셔츠와 액세서리 그리고 그에 따른 빈티지들과 에스닉, 힙합, 펑크 의류와 소품들이다. 골목마다 걸려 있는 알록달록 때로는 과격한 의류들은 옷이라기보다는 벽에 그려진 그래피티같다. 아메리카무라에서 숍을 운영하는 이들만 보더라도 그들의 패션감각에 박수를 보내게 된다. 굳이 무언가 구입하지 않더라도 오가는 사람들의 스타일만으로 충분히 눈요기가 되고 스타일 공부가 되는 것이 아메리카무라의 매력이다.

아메리카무라의 중심 건물은 중앙에 위치한 빅스텝 BIG STEP이다. 지하 2층, 지상 7층으로 이루어진 원스톱 쇼핑 공간으로 건물의 중앙이 오픈되어 편안한 느낌을 준다. 내부에 자리한 숍은 대개 일본 로컬브랜드와 우리에게도 익숙한 대중적인 브랜드, 각종 빈티지 의류들과 오사카의 대표 야구팀인 한신 타이거즈 숍이다. 아메리카무라에서 많은 시간을 보낼 수 없다면 빅스텝에서만 쇼핑을 해도 좋다. 날씨가 좋은 날에는 건물 천장이 열리는데 이 또한 빅스텝만이 가진 또다른 공간연출이라 할 수 있겠다. 빅스텝을 나와 직진하여 내려가면 산카쿠코엔 三角公園이라는 삼각형의 공원을 만나게 된다. 이곳은 아메리카무라에서 대표적인 만남의 장소로, 휴일에는 춤과 음악, 소규모 행사 등 다양한 공연이 펼쳐진다. 나른한 주말 오후, 도시락 하나 준비해서 산카쿠코엔으로 가자. 공원 한쪽에 자리를 잡고 앉으면 누가 뭐라 해도 VIP석이다. 얼마 지나지 않아 재미난 공연 하나쯤은 만나게 될테니까.

무라의 숍들은 저마다 개성을 가지고 있다. 귀여운 강아지들로 만든 숍의 간판은 파는 물건이 아님에도 사고 싶은 충동을 불러일으킨다. 때 자주 만나게 되는 힙합퍼들의 숍인 뉴에라는 90도로 각 잡힌 열하여 시선을 끌기도 한다. 길거리에 늘어선 가로등도 특색있게 형상을 하고 있다. 눈썰미 있는 사람이라면 손 모양이 모두 다른 것을 낄 수 있을 것이다. 그밖에 신발, 액세서리, 레코드점을 포함해 약 2000

여 개의 숍들이 손님을 맞는다. 저녁이 되면 라이브 카페에서 음악이 흘러나오고 지하의 클럽들이 일제히 반짝이기 시작한다. 아메리카무라는 낮과 밤의 분위기를 달리 느껴볼 수 있는 매력적인 곳이다.

아메리카무라의 시끌시끌하고 화려한 분위기에서 벗어나 조용하고 매력적인 그리고 스타일리시한 거리 호리에로 발길을 돌려보자. 호리에는 산카쿠코엔을 중심으로 길 건너 오른편에 위치하고 있다. 아메리카무라가 10~20대들의 활력 넘치는 거리라면 호리에는 그보다는 조금 조용하고 세련된 30~40대 어른들의 거리라고 할 수 있다. 우리나라에서는 주로 예쁜 카페들이 많은 곳으로 소개되고 있는데 사실 호리에는 아메리카무라에서 숍을 오픈했던 사람들이 위치를 옮기면서 형성되었다. 호리에 공원을 중심으로 주변에 카페와 숍들이 생겨나기 시작하면서 아메리카무라에 몰렸던 많은 사람들이 호리에에 관심을 갖게 되었다. 아메리카무라 만큼 다양한 숍들이 있는 건 아니지만 아기자기하고 개성 넘치는 물건들과 직접 제작하여 판매하는 수공예 숍, 고급스러운 셀렉트 숍 등 전문 숍들이 밀집되어 있다. 하지만 고가의 제품들이 많아 쇼핑하는 재미는 아메리카무라가 더 크다. 호리에는 한마디로 고급스러운 쇼핑가라고 할 수 있다. 특히 이곳에는 맛있는 케이크와 휴일 오후 브런치를 즐길 수 있는 다양한 카페가 많다는 것이 장점이다. 호리에에 있는 어느 카페든 반할 만한 모양의 조각케이크를 낸다. 특히 이곳의 카페는 숍과 갤러리를 함께 운영하는 경우가 많아 분위기를 내며 쇼핑하고 그림을 감상하며 달콤함을 즐길 수 있다는 장점이 있다.

호리에는 주로 전문직에 종사하는 2,30대층이 모여 사는 지역으로 퇴근 후 늦은 저녁 강아지를 운동시키는 모습을 종종 볼 수 있는데, 그 모습이 호리에의 분위기와 절묘하게 어우러져 영화 속 한 장면 같기도 하고 부러움을 자아내기도 한다.

호리에 길을 걷다 보면 옛날부터 가구거리로 유명한 다치바나도리를 만난다. 우리에게는 오렌지 스트리트로 알려져 있는 호리에의 중심거리다. 예전 가구거리답게 대형 가구 전문점과 인테리어 전문점들이 들어서 있어 인테리어 소품에 관심이 많은 여행자들은 들려보면 좋겠다. 그 외에도 개성 넘치는 숍들과 주인장의 취향이 100% 담겨 있는 독특한 공방도 군데군데 숨어 있어 둘러

아메리카무라의
스타일이라고 해야 할까?
이곳에서는 어떤 스타일도
자연스럽다.

보는 재미가 쏠쏠하다. 아메리카무라와 호리에는 가까이에 위치해 있다. 두 곳을 모두 돌아볼 계획이라면 조금 일찍 서두르도록 하자. 아무리 가까워도 볼수록 빠져드는 재미에 시간 가는 줄 모른다.

point SHOP

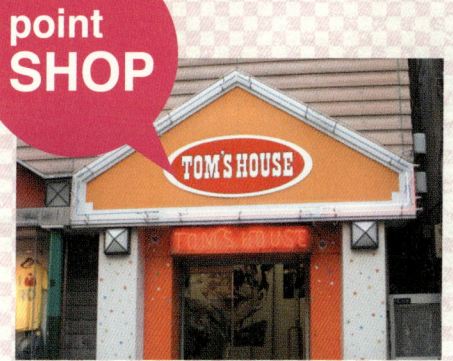

톰스 하우스 TOM'S HOUSE 삐에로 아저씨 간판으로 유명한 톰스 하우스는 아메리카무라의 얼굴이다. 지금 그 자리의 삐에로 아저씨는 철거되어 없지만 아메리카무라에 왔다면 꼭 둘러봐야 하는 곳이다. 세계 각지에서 건너온 다양한 구제 의류와 액세서리들, 다양한 힙합 의류가 많아 마니아들에게는 보물창고 같은 곳이다. ◀아메리카무라

써니 사이드 업 SUNNY SIDE UP 은 제품을 전문적으로 판매하는 숍으로 한국에서는 볼 수 없는 독특한 피어싱이나 목걸이, 귀걸이, 반지 등 액세서리들이 많다. ◀아메리카무라

퍼스트 FIRST 디스플레이되어 있는 옷만 보더라도 남성복 전문 숍임을 알 수 있는 퍼스트. 셔츠, 가디건, 베스트 등 세련되고 단정한 남성복과 그 스타일에 잘 어울릴 것 같은 가방, 모자, 운동화 등을 판매한다. 숍의 이미지가 부드러운 브라운색을 띠고 있어 촌스럽지 않으며 보이플렌드룩을 좋아하는 여성이라면 둘러보길 권한다. ◀아메리카무라

프리스 숍 FREE'S SHOP 멀리서부터 파란색의 스트라이프가 선명하게 들어오는 프리스 숍은 다양한 브랜드의 상품을 판매하는 셀렉트 숍이다. 여성들을 대상으로 하고 있으며 가격대는 높은 편이다. ◀아메리카무라

바이스 VAISE 티셔츠 전문 숍으로 다양하고 재미있는 셔츠들이 길거리를 알록달록하게 포장한다. 우리가 알고 있는 캐릭터에서부터 처음 보는 일본 느낌 팍팍 나는 캐릭터, 알 수 없는 문자나 무늬 등이 그려진 티셔츠는 하나쯤 구입하고 싶은 마음이 들게 한다. 가격대도 적당하여 선택의 폭이 넓은 숍으로 인기 만점. 바이스 바로 왼편에는 애견숍이 있다. 애견을 위한 아이디어 상품이 많아 한국에서도 입소문이 나고 있다. ◀아메리카무라

치치카카 チチカカ 네팔, 인도네시아, 태국 등의 의류와 소품들을 판매하는 숍으로 일본 분위기보다는 동남아 느낌의 제품들이 많다. 모자와 스카프를 중심으로 의류를 판매하고 있으며 특이한 형태의 귀걸이나 목걸이는 가격도 저렴하여 선물로 구입하기 좋다. ◀아메리카무라

750엔

페이무스 FAMES 쇼윈도에 줄 맞춰 나열된 검정색 모자. 각양각색의 각 잡힌 모자들이 '여긴 힙합퍼들의 천국이구나'를 대신 말해주는 듯하다. 힙합 패션으로 차려입은 사람들로 언제나 문전성시를 이루는 페이무스는 뉴에라 NEW ERA를 좋아하는 마니아라면 꼭 들려봐야 한다. ◀아메리카무라

치어 CHEER
트레이닝복과 레깅스의 천국. 누가 봐도 일본 느낌 제대로 나는 개성만점의 숍이다. 과연 여기서 구입한 옷을 한국 가서 입을 수 있을까 싶을 정도로 대담한 의류들이 가득하다. 특히 스타일리시하고 다양한 패턴이 조화로운 레깅스 의류들은 치어만의 워너비 아이템이다. ◀아메리카무라

빅스텝 BIG STEP
빅스텝은 오사카를 그리고 아메리카무라를 대표하는 원스톱 쇼핑숍이며 젊은이들의 문화스테이지라고 할 수 있다. 지하 2층, 지상 7층으로 구성된 각 층에는 다양한 아이템들이 늘어서 있어 이곳에서 오사카의 최신 패션 코드를 알아볼 수 있다. 최근 신규 오픈한 킨지 KINJI는 개성만점의 빈티지들로 마니아들의 사랑을 듬뿍 받고 있는, 빅스텝에서 가장 핫한 곳이다. 그뿐만 아니라 빅스텝에는 다양한 카페와 음식점들이 있으며 인디밴드들의 멋진 라이브 공연을 즐길 수있다. 건물 내에는 영화관도 함께 있어 데이트를 즐기는 사람들까지 더해지므로 주말쇼핑은 피하는 것이 좋다.
◀아메리카무라

미카즈키 모모코 MIKAZUKI MOMOKO
300엔 숍으로 의류에서부터 액세서리, 화장품, 문구류 등 토탈숍이라 할 수 있다. 조카들의 선물로 그만인 귀여운 캐릭터 제품들이 많다. ◀아메리카무라

각 315엔

큐빅 스타일 cubic style 생활용품, 가정용품, 문구 등 인테리어와 관련된 다양한 소품을 판매하는 숍이다. 아기자기한 완소 제품들을 만나볼 수 있다. ◀호리에

카시라 CA4LA 호리에에서 가장 유명한 모자 전문숍이다. 크기, 형태, 모양, 컬러부터 제각각인 모자들은 그냥 머리에 쓰는 액세서리 이상으로 예술작품에 가깝다. 가격은 비교적 고가이지만 구경 삼아 보는 것만으로도 만족감을 느낄 수 있다. ◀호리에

어반 리서치 URBAN RESEARCH 모던하고 내추럴한 캐주얼 의류를 판매하는 곳으로 가장 호리에다운 스타일의 숍이다. 누가 입어도 어울릴 듯한 의류에서 편안함이 느껴진다. ◀호리에

보이즈 앤 걸스 BOYS&GIRLS 이름 그대로 소년과 소녀를 위한 숍으로 10~20대를 주 타겟으로 하는 발랄한 의류 숍이다. 기하학적인 다양한 패턴의 셔츠들과 일본에서는 보기 힘든 커플룩들이 다양하게 준비되어 있다. ◀호리에

미나미 지역의 노블레스 스트리트, 미나미센바
MINAMISENBA

일본에 가면 습관적으로 하는 일이 있다. 서점에 가서 잡지를 들여다보고 맘에 드는 혹은 사은품이 좋은 잡지를 구입하는 일이다. 잡지 속을 들여다보면서 '이곳은 어디지? 예쁜데……. 와, 이 카페 분위기 너무 좋다'라는 혼잣말을 하곤 하는데 미나미센바는 바로 그런 곳이다.

잡지, 그중에서도 패션잡지가 많은 일본에서 잡지 속 여성의 옷차림을 들여다보는 것보다 오히려 그 장소가 궁금해지는 경우가 많다. 도쿄나 오사카의 중심지를 거닐다 보면 카메라를 든 사람과 수첩을 하나 들고 지나가는 사람을 유심히 쳐다보며 말을 걸고 사진 찍는 모습을 자주 볼 수 있다. 오사카의 미나미센바는 예쁜 카페가 많고, 분위기 좋은 숍이나 외관이 독특한 건물이 많아 거리 사진 찍는 사람들이 많다. 미나미센바에서 쇼핑을 즐기는 사람들의 패션 감각도 남다르다. 이런 여러가지 이유 때문인지 잡지 촬영이나 영화 촬영, 거리 캐스팅이 많은 곳이다. 미나미센바의 거리는 남바나 신사이바시와는 다르다. 주말에도 조용한 거리가 미나미센바다. 그렇다고 사람들이 없다는

것은 아니지만 이곳에 모이는 사람들의 성향이 그런 듯하다.
신사이바시나 미도스지 대로를 따라 북쪽으로 쭉 올라가다 보면 나가호리도리 교차로와 만나게 되는데 그 사거리에서 북서쪽으로부터 미나미센바도리가 시작된다. 사거리에서 여행자를 반기는 숍은 루이비통, 샤넬, 불가리, 막스마라 등의 명품숍이다. 오사카의 대표적인 명품숍들로, 가장 먼저 신상품이 들어오는 곳이다. 굳이 물건을 구입하지 않더라도 신상품을 구경하는 재미가 있다.
미나미센바의 거리는 평범하고 조금은 한적한 동네 골목 같아서 그냥 지나치기 쉽다. 간혹 다른 사람들의 블로그를 보면 미나미센바를 찾다가 포기했다는 내용을 여러 번 본 적이 있다. 하지만 무심코 쳐다본 숍의 범상치 않은 모습에 '아하~' 라는 감탄사를 쏟아내게 된다. 각기 다른 특성을 가진 숍에서는 장인의 손길이 담긴 작품들이 보인다. 가죽을 이용해 가방과 신발을 만들고 있는 공방, 모자 전문 숍, 다양한 인테리어 숍, 우리에게도 익숙한 브랜드 숍과 일본이 낳은 세계적인 디자이너 이세이 미야키의 숍이 자리하고 있다. 다양한 셀렉트 숍에서는 흔하지 않은 제품들이 유혹을 하고, 세련된 숍의 인테리어까지 여행자의 마음을 사로잡는다. 미나미센바는 카페와 레스토랑이 많기로도

유명하다. 주문과 동시에 구워낸 따뜻하고 바삭한 와플과 커피 한 잔이 여행의 피로를 풀어준다. 특히 아시아 각국 요리와 일본 창작 요리까지 세계 각국의 요리를 즐길 수 있는 곳이 많아 미식가들의 사랑을 받고 있으며 어느 곳을 들어가든 그 맛이 만족스럽다.

미나미센바는 오사카에서 가장 세련된 트렌드세터들이 모이는 곳으로, 보는

재미와 걷는 재미를 동시에 느낄 수 있는 곳이다. 패션잡지에서 방금 튀어나온 듯한 사람들을 보면서 그들이 가는 숍이 어딘지 눈여겨보는 것도 좋겠다. 최근 들어 가장 핫한 곳으로 떠오르는 호리에와 함께 미나미 오사카의 새로운 명소로 주목받고 있는 미나미센바는 거리 분위기가 평범해서 실제 숍 안을 들어가지 않고서는 개성을 느낄 수 없다. 숍마다 각기 다른 개성을 가지고 있으니 천천히 걸으며 미나미센바 자체를 즐겨보는 것도 좋겠다.

미나미센바에는 이 지역을 상징하는 오가닉 빌딩이 있다. 붉은색 벽에 초록색 화초를 조화시킨 건물로 실제 화초들이 자라고 있다. 거리 안쪽에 위치해 있지만 걷다 보면 건물이 주는 강한 색감 때문에 금방 눈에 들어온다. 최근 리모델링을 하여 더욱 반짝이는 오가닉 빌딩을 만날 수 있다.

나는 에코백을 좋아한다.
그런 나에게 〈아란지 아론조〉의 에코백이
자꾸만 한국으로 자길 데려가 달라고 손짓했다.
녀석의 능청스러움에 나는 1,570엔을 주고
녀석을 비행기에 태웠다.

point SHOP

모토 Motto 컬러풀하고 내추럴한 분위기를 연출하는 가방 전문 숍이다. 가죽 소재보다는 천이나 비닐을 사용하여 가볍고 실용성에서 만족. 겨울보다는 봄, 여름철에 어울리는 가방들이 많다.

가르시아 galicte 여성의류 숍으로 미나미센바의 스타일을 한눈에 볼 수 있다. 캐주얼 의류에서부터 오피스 의류까지 다양한 품목을 갖추고 있고 그와 잘 어울리는 스카프, 벨트, 구두 등 다양한 소품을 판매한다.

엘르토프 테프 이세 미야키 ELTTOB TEP_ISSEY MIYAKE 일본이 자랑하는 세계적인 디자이너 이세 미야키의 숍으로 그만이 가진 독창적인 예술세계가 엿보인다. 옷이라기보다는 하나의 예술 작품으로 평가해도 부족함이 없다. 가격대가 높아 쉽게 구입하진 못하지만 그의 애니멀리즘한 의상을 감상해보는 것도 좋겠다.

에비수 EVISE 일본 청바지 브랜드의 대표주자 에비수. 일본뿐 아니라 세계에서 많은 마니아층을 형성하고 있는 브랜드다. 주머니에 새겨진 갈매기 모양이 멀리서 봐도 쉽게 에비수임을 말해준다. 미나미센바의 매장이 규모도 크고 종류 면에서 가장 다양하다.

370엔

1,990엔

비 에이 B. A
프린트 티셔츠를 주로 판매하는 전문 숍으로 디자인 티셔츠 스토어 그라니프와는 또 다른 특색이 있다. 그라니프의 화려하고 다양한 콘셉트의 제품이 있는 반면 B. A의 숍은 다양하진 않지만 색상이나 프린트가 좀 더 고급스럽고 흔하지 않아서 좋다.

아란지 아론조 ARANZI ARONZO
한국에도 벌써 소문난 숍으로 문구, 가정용품, 욕실용품, 인테리어 소품, 먹을거리 등을 판매한다. 숍 입구에 서 있는 자체개발 캐릭터들이 아란지 아론조만의 차별성을 만들어준다. 캐릭터만큼이나 귀여운 숍이니 꼭 한번 들려보도록 하자.

마더하우스 Motherhouse
내추럴한 분위기에 고급스러움이 느껴지는 마더하우스는 소량의 의류와 그에 어울리는 가방, 지갑류를 판매하는 숍이다. 단순한 디자인과, 재질이 갖고 있는 느낌 그대로를 가방에 옮겨놓아 따뜻한 느낌을 전해준다. 가죽이나 천을 이용하여 실용성 있게 만들어졌으며 가격대는 비교적 높은 편이다.

네스트 로브 nest Robe
20,30대 남녀 캐주얼 의류를 판매하는 숍이다. 이 건물 3,4층에는 앤알 테이블 nR table이라는 카페가 자리하고 있다. 간단한 식사가 가능하며 커피와 음료, 와인을 즐길 수 있다.

35,000엔　24,200엔

4,500엔

오사카의 음식 천국에서 먹거리 쇼핑!
도톤보리, 쿠로몬 시장
DOTONBORI, KUROMON

오사카 하면 남바역 다음으로 기억되는 곳이 도톤보리일 것이다. 사실 오사카를 처음 방문해서 도톤보리 거리를 들어서면 이 거리가 도톤보리인지 신사이바시인지 에비스바시인지 헷갈린다. 대체 어디를 기준으로 거리들이 나누어지는지 몰라도 도톤보리는 화려한 간판 때문에 위치를 쉽게 짐작할 수 있다. 낮에는 낮대로, 밤에는 밤대로 각기 다른 매력을 뿜어내는 도톤보리는 일본의 미식고장으로 꼽히는 오사카에서도 최고를 자랑하는 미식의 천국이다.

도톤보리는 오사카를 동서로 가르며 흐르는 인공 운하인 도톤보리 강을 가리키는 말로, 당시 물자를 수송하던 상인들을 위해 음식점과 술집들이 들어서기 시작했다. 주머니 얄팍한 상인들에게 저렴하고 맛있는 음식을 대접하던 도톤보리는 지금 오사카 최고의 유흥지로 자리잡았다.

도톤보리를 더욱 유명하게 만든 것은 특이한 간판들이다. 대개의 간판들은 정보 전달로 그 역할을 끝내버리지만 도톤보리의 간판은 그 이상이다. 살아 움직이는 게의 다리며, 둥근 복어의 입체감을 그대로 살린 간판, 벽을 뚫고 나온 듯한 용, 전혀 무섭지 않은 귀여운 도깨비와 골인

지점에 도착한 글리코의 마라토너 아저씨, 북치는 아저씨 구이다오레 등 살아 있는 듯한 간판을 볼 수 있다. 지나가는 여행객들의 발길을 잡는 것도 이들 모형 간판들이 하는 일이다. 이 간판 앞에서 V자를 그리며 사진을 찍지 않았다면 그건 오사카 그리고 도톤보리에 온 것이 아니다.

도톤보리에서는 쇼핑은 잠시 접어두고 보고, 먹는 것에 집중해야 한다. 거리마다 넘쳐나는 먹거리들은 가난한 여행자들에겐 고통이지만 주머니 두둑한 여행자들에겐 기쁨이 된다. 길거리에서는 맛보기 음식을 건네주며 홍보에 열을 올리는데 그 맛보기 음식의 크기가 만만치 않다. 커다란 맛보기 음식을 먹고 미안한 마음에 하나 집어들거나 먹고 가게 되는데 그게 우리나라 사람들의 인정이 아닐까.

도톤보리에는 2004년 겨울에 만들어진 도톤보리 리버워크가 있다. 도톤보리 강을 따라 산책을 즐길 수 있게 만들어 놓은 곳으로 날씨가 좋은 저녁 무렵, 도톤보리에서 구입한 음식을 들고 나와 고요히 흐르는 강을 보며 하루 여행을 마무리하는 것도 좋다. 수면에 비친 도톤보리의 현란한 간판이 물에 흡수되어 분위기를 부드럽게 만들어준다. 도톤보리 크루즈에 몸을 싣고 약 30분간 도톤보리 네온을 즐길 수 있으며 오사카 주유 패스 소지자는 무료로 탑승 가능하다.

일본은 우리나라와 달리 상점가들이 7~8시 사이에 문을 닫는다. 하지만 오사카의 신사이바시, 에비스바시, 도톤보리 등은 오사카 관광과 쇼핑의 메카로 떠오르면서 그 시간이 많이 늦추어진 듯하다. 대개 9시부터 문을 닫기 시작하며 도톤보리의 음식점과 카페, 술집들은 12시가 넘는 시간에도 사람들로 북적거린다. 여행자의 또 하나의 즐거움은 늦은 저녁 시간 현지 사람들 틈에서 그들과 동화되어 보는 것이다. 비록 말은 통하지 않지만 그 시간 같은 장소에 있다는 것만으로도 이미 그들과 친구가 된다.

도톤보리의 끝자락 인근에는 오사카의 부엌을 책임지고 있는 170년 전통의 재래시장인 쿠로몬 시장이 있다. 우리나라의 재래시장과 많이 닮아 친근감이 드는데 실제로 우리나라 교포들이 장사하는 상점이 많다고 한다. 대부분의 재래시장이 그러하듯 식재료를 중심으로 생활용품 등을 판매하고 있으며 시장 내에는 다양한 할인점과 대형마트가 입점해 있어 물건 구입 시 선택의 폭이 넓다.

〈이치비리안〉의 구이다오레 삐에로
기념 티셔츠 2,100엔

쿠로몬 시장에서 특히 유명한 것은 튀김이다. 시장 입구에 들어서면 솔솔 풍기는 튀김 냄새에 방금 밥을 먹었는데도 입안에 침이 가득 고인다. 모든 튀김이 다 맛있지만 특히 새우튀김과 문어튀김 맛은 둘이 먹다 하나가 기절해도 모를 정도로 끝내준다. 쫄깃함과 입안 전체에 퍼지는 식감은 최고로, 지금 이 글을 쓰면서도 입안에 침이 한가득 고이는 걸 어찌할 수 없을 정도다. 재래시장이 그러하듯 인심도 후하여 튀김 2개를 구입했는데 2개를 덤으로 주셨다. 아마도 폐장시간이라 그랬던 것 같지만 1개도 아닌 2개의 덤은 누구나 기분 좋아질 일이다.

재래시장의 큰 매력은 사는 재미 이상으로 구경하는 재미에 있다. 이리저리 두리번거리다 보면 그들만의 먹거리가 보이고 큰 소리로 타임세일을 외치는 상인들의 목소리도 듣기 좋다. 사람 사는 곳은 다 똑같구나라는 생각을 잠시 해본다.

쿠로몬 시장의 폐장시간은 따로 정해져 있지 않지만 음식점을 제외하고는 대부분 5시쯤에 문을 닫는다. 우리나라의 재래시장과는 다르므로 시장 구경을 할 요량이면 일찍 서두르는 것이 좋다. 폐장시간 즈음에는 타임세일로 시장거리가 벅적거리는데 이때 저녁 도시락이나 스시, 과일 등을 구입하는 것이 알뜰한 먹거리 쇼핑을 하는 노하우. 질 좋은 음식을 저렴한 가격에 구입할 수 있어서 즐겁고, 맛 좋은 음식에 입이 즐거워지는 타임세일을 꼭 기억하자.

point SHOP

카니도라쿠 かに道樂 오사카를 대표하는 게 요리 전문점이다. 간판에 걸려 있는 모형 게는 15,000명이 먹을 수 있는 크기라고 한다. 움직이는 게 다리의 모습이 인상적이다. 음식의 가격대가 높은 편이므로 3,000엔대의 점심메뉴를 이용하는 것이 좋다. 맛만 볼 요량이라면 식당 앞에서 숯불에 굽고 있는 게다리 하나를 맛보기하는 것도 좋다. 게 굽는 냄새는 도톤보리 거리를 가득 채운다. 매일 홋카이도에서 게를 공수해 온다고 하니 그 맛을 기대할 만하다.

빅쿠리돈키 びっくりドンキー 햄버그스테이크 전문점으로, 맛집으로 소문난 곳이다. 점심과 저녁 식사 시간에 가면 긴 줄이 늘어서 있는 모습을 볼 수 있다. 가격대비 양과 질적인 면에서 월등한 곳이니 오사카에 방문하면 꼭 한번 들려보도록 하자. 엄청난 메뉴에 놀라게 될지도 모른다.

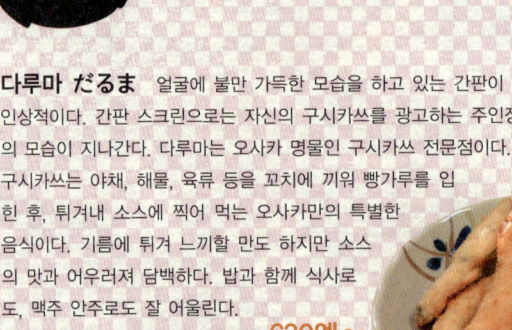

다루마 だるま 얼굴에 불만 가득한 모습을 하고 있는 간판이 꽤 인상적이다. 간판 스크린으로는 자신의 구시카쓰를 광고하는 주인장의 모습이 지나간다. 다루마는 오사카 명물인 구시카쓰 전문점이다. 구시카쓰는 야채, 해물, 육류 등을 꼬치에 끼워 빵가루를 입힌 후, 튀겨내 소스에 찍어 먹는 오사카만의 특별한 음식이다. 기름에 튀겨 느끼할 만도 하지만 소스의 맛과 어우러져 담백하다. 밥과 함께 식사로도, 맥주 안주로도 잘 어울린다.

630엔~

420엔

아카오니 赤鬼 귀여운 빨간 도깨비가 간판을 들고 지나가는 손님을 부르는 아카오니는 타코야키 전문점이다. 혼케오다코 本家大たこ가 오사카에서 가장 오래된 타코야키 집이지만 맛에 있어서 아카오니도 뒤지지 않는다. 사실 아카오니는 빨간 도깨비와 사진을 찍는 곳으로 더욱 유명해졌다. 동그란 반죽 안에 엄지손가락 굵기만 한 문어가 들어 있어 쫄깃하고 고소하다. 아카오니는 도톤보리에 2개의 점포가 있다.

이치비리안 いちびり庵 오사카뿐만 아니라 일본의 다양한 기념품을 판매하는 곳이다. 캐릭터 천국답게 귀여운 캐릭터를 이용한 다양한 상품이 많으며 마네키네코, 기념티셔츠 등을 구입할 수 있다. 리틀 오사카가 맛 선물을 구입하는 곳이라면 이치비리안은 기념품을 구입하는 곳으로 보면 좋겠다.

8개 400엔

구이다오레 빌딩 くいだおれ ビル 구이다오레는 삐에로 복장을 하고 북을 치는 사람으로 오사카에서 가장 먼저 입체 간판으로 등장해서 사람들의 이목을 집중시켰다. 지금의 자리에 건물이 헐리면서 한때 없어질 위기에 있었으나 오사카 사람들의 끊임없는 사랑으로 다시 그 자리를 지키게 되었다. 도톤보리에 와서 구이다오레와 사진을 찍는 것은 필수! 최근에는 구이다오레 옆에 자리를 마련하여 같은 안경을 쓰고 기념 촬영을 할 수 있게 되었다. 구이다오레 빌딩은 종합 쇼핑몰로 에비수, 의류, 액세서리 등을 취급하며, 수십 개의 식당을 갖추고 있다. 1층에는 리틀 오사카 little OSAKA라는 오사카 선물 코너가 있어 주변 지역에서 구입하지 못한 여러 선물들을 한번에 구입할 수 있다.

오타쿠들의 천국
덴덴타운
DENDENTOWN

얼마전 TV의 한 프로그램에서 일본 게임에 등장하는 여주인공 캐릭터와 결혼을 하겠다는 남성이 나온 적이 있다. 20대 초반인 이 남성은 우연히 게임에 등장한 캐릭터를 보고 반해버렸다고 한다. 본인 월급의 대부분을 캐릭터를 위해 사용하고 정작 본인을 위해 쓰는 건 하나도 없으며 다른 누군가가 본인이 사랑하는 캐릭터를 소유하게 된다면 캐릭터에 대한 저작권을 사겠다는 말까지 할 정도로 캐릭터에 빠져 있었다. 바로 이런 사람들을 지칭해 일본에서는 오타쿠라고 부르고 있다. 이런 모습들이 이상하게 느껴지거나 당황스럽지 않은 것은 아마도 일본 문화를 자주 접하게 되고 컴퓨터의 보급과 더불어 개인적인 생활이 늘어나면서가 아닐까 싶다.

일본 도쿄의 아키하바라 다음으로 일본에서 가장 큰 전자상가인 덴덴타운에서는 이런 사람들을 여럿 만날 수 있다. 굳이 만나 이야기하지 않더라도 이들의 행동이나 모습, 손에 들고 있는 것들을 보면 쉽게 구분이 간다. 이른 아침부터 피규어 숍 앞에 서서 문이 열리길 기다리는 손님들이 있다. 대부분이 남성으로 10~20대들 사이에 40~50대로 보

피규어의 값어치는 우리가 잘 알고 있는 명품 가격에 견줄 만하다.
하나하나 잠금쇠가 채워진 유리 케이스에 보관되어
눈으로만 감상해야 하는 것은 기본이다.
좀 더 자세히 보고 싶은 피규어는 장갑을 끼고 만져볼 수 있다.
높이 15cm 정도 되는 이 중고 피규어의 가격이 9,800엔

PC
専門店
ドスパラ
Sofmap

RX-78-2
GUNDAM
EARTH FEDERATION
SPACE FORCE
GUNPLA
MADE IN JAPAN
日本橋3
Nipponbashi
Shoden

이는 분들도 신문을 보고 있다. 그들이 그렇게 서 있는 이유는 단 하나, 오늘부터 어떤 만화 캐릭터의 피규어가 한정판매에 들어가기 때문이란다. 와~, 그 정성이 대단하다. 새벽부터 기다린 그들이 모두 원하는 피규어를 하나씩 들고 기뻐하길 바래본다.

마니아들에게 있어 꿈의 공간인 덴덴타운은 전자제품, 카메라, 게임 관련 상품, 피규어, 프라모델 숍들이 들어서 있는 거대한 타운이다. 거리를 걷다가 만나게 되는 커다란 건담이나 다양한 캐릭터들, 쇼윈도에 앉아 다양한 포즈로 마니아를 유혹하는 피규어들은 돌아보는 재미를 두 배로 만들어준다. 중고 카메라 렌즈를 만지작거리며 여러번 고민을 해보기도, 새로운 게임에 빠져보기도 한다. 상가들 대부분이 비슷한 물건을 팔고 있지만 발품을 팔지 않고는 저렴하게 구입하기 어렵다. 원하는 제품이 있으면 반드시 다른 곳과 가격 비교를 해야 하며 가격 흥정도 해야 한다. 언어가 통하지 않는다고 걱정할 필요는 없다. 대부분 기본적인 한국어를 구사할 줄 알고 솔직히 가격을 깎는 데는 많은 언어가 필요한 게 아니다. 덴덴타운을 전부 돌아다니기에는 적잖이 많은 시간이 걸린다. 마니아가 아니라면 1~2시간 구경한 뒤에 하녀복을 입고 서빙하는 메이드 카페에서 "주인님!" 대접을 받으며 달콤한 와플과 함께 다음 목적지를 정해보는 것도 좋겠다.

point SHOP

토키스 TOKIS 컴퓨터 관련 소품과 신형 및 중고 카메라를 판매하는 곳이다. 덴덴타운 내에서 통행량이 많은 곳에 위치해 있기 때문에 지나가는 사람들로 붐빈다. 한국어를 할 줄 아는 직원이 있어 질문이나 물건을 구입하는 데는 큰 어려움이 없다.

건담 프라모델 전문 숍 정의의 전사 건담을 모르는 사람은 거의 없을 것이다. 실제로 건담은 일본뿐 아니라 세계 곳곳에서 많은 마니아층을 가지고 있다. 덴덴타운의 건담은 반다이 ban-bai에서 운영하는 숍으로 애니메이션 기동전사 건담 시리즈에 관한 모든 것을 볼 수 있다. 모형에서부터 프라모델, 관련 소품이나 의류까지 건담을 좋아하는 사람이 아니더라도 한 번은 둘러볼 만하다. 피규어의 가격은 우리가 상상할 수 없는 높은 금액도 있지만 프라모델은 200엔부터 저렴한 것들도 많다.

3,800엔~

노부나가 信長書店 애니메이션 관련 각종 DVD와 잡지, 동인지, 미소녀 화보집은 물론이고 미소녀 연애 시뮬레이션 게임 등을 판매하는 곳이다. 멜론북스, K-BOOKS와 어깨를 나란히 하고 있으며 19세 미만에겐 판매 금지 품목이 있다.

오사카SR 大阪SR 1층부터 5층까지 피규어와 프라모델 관련 숍으로 덴덴타운에서 한 곳만 보고 갈 예정이라면 오사카SR과 슈퍼 키즈랜즈 본관을 추천한다. 오사카SR에서는 우리가 보았던 애니메이션에 등장하는 캐릭터들을 만날 수 있으며 구체관절인형, 브리스인형, 관련 부속품 등을 판매하고 있다. 아이들이 아닌 성인 인형컬렉터들이 연신 윈도우를 쳐다보며 감탄에 젖어 있는 모습은 한국에선 볼 수 없는 일본만의 모습인 것 같다.

1,260엔

1,029엔

12,390엔~

800엔

슈퍼 키즈랜드 SUPER KIDS LAND 어린이보다는 어른 고객들이 많은 슈퍼 키즈랜드는 본관과 별관으로 나누어져 있다. 취급하는 상품은 거의 같으며 1층은 장난감과 피규어, 2층은 모형 총과 범선, 3층은 밀리터리 모형, 4층은 자동차와 오토바이, 비행기 모형, 5층은 전 세계의 기차 모형이 있어 층별로 다양함을 갖추고 있다. 프라모델 작업에 필요한 공구와 재료도 판매한다.

도라노아나 とらのあな 만화 관련 숍으로 DVD, 게임소프트웨어, 열쇠고리, 키홀더 등 관련 액세서리들을 판매하고 있다. 도라노아나의 특징은 캐릭터 자판기라고 할 수 있다. 수십 대 늘어선 자판기에 100~500엔을 넣고 돌리면 동그란 통에 담겨 나오는 피규어들이 재미있다. 여러 자판기를 두리번거리며 맘에 드는 자판기를 골라 캐릭터를 뽑아보자.

4,600엔

300엔

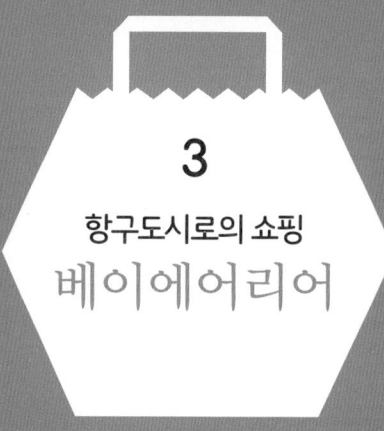

3
항구도시로의 쇼핑
베이에어리어

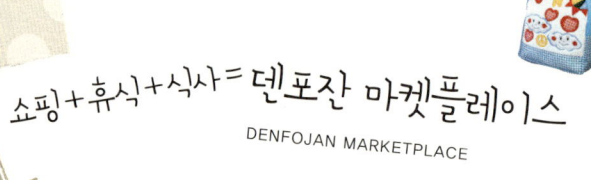

쇼핑+휴식+식사=덴포잔 마켓플레이스
DENFOJAN MARKETPLACE

보통 3박 4일 정도의 일정으로 오사카를 방문하면 항만지역은 일정에서 제외하는 경우가 많다. 나도 오사카를 여러 차례 왕래했지만 항만지역에 관심을 갖기 시작한 지는 그리 오래되지 않았다. 항구 도시인 오사카에게는 좀 미안한 마음이다. 높다란 빌딩 숲과 길다란 아케이드, 조용한 듯 움직이는 지하 쇼핑몰 등 복잡한 도심의 쇼핑 여행에서 벗어나 탁 트인 바다를 바라보며 알뜰 쇼핑을 해보자.

덴포잔이라는 말은 '낮은 산'이라는 뜻으로, 1831년에 시작된 아지가와 강 공

사에서 나온 흙이 쌓여 낮은 산이 만들어졌는데 이것이 지금의 덴포잔이란 이름으로 불리게 되었다. 덴포잔 지역에서 볼거리, 살거리, 놀거리, 먹을거리가 가장 많은 곳이 바로 덴포잔 마켓플레이스다. 쇼핑부터 식사까지 한곳에서 해결할 수 있는 덴포잔의 또 하나의 자랑거리는 세계 최대 규모를 자랑하는 대관람차이다. 112.5m의 높이로, 정상에 도달했을 때의 느낌은 숨막힐 정도이며 거기에 바람까지 살짝 불면 온몸에 소름이 돋는다. 1997년에 만들어진 대관람차에서 오사카 지역을 전체적으로 조망할 수 있으며 멀리 롯코산과 아카시해협대교, 이코마산 등이 보인다. 대관람차 안에는 영어와 일본어로 밖으로 보이는 풍경이 무엇인지 설명되어 있다. 한 바퀴 도는 데 걸리는 시간은 약 15분 정도다. 저녁이 되면 대관람차는 하나 둘 조명이 켜지면서 거대하고 화려한 일루미네이션으로 거듭난다. 관람차의 불빛들은 일기예보를 알려주는데 빨강은 맑음, 초록은 흐림 그리고 파랑은 비를 알리는 신호이다. '오사카 주유패스' 소지자는 무료로 이용 가능하다.

덴포잔 마켓플레이스에 2002년 오픈한 푸드 테마파크 나니와 구이신보요코초는 간사이 지방의 다양한 먹거리와 최근 인기를 끌고 있는 맛집의 분점들이 입점해 있다. 분위기 또한 1960년대 오사카의 거리 풍경을 배경으로 꾸며놓아 특색있으며 당시 오사카인들의 생활상을 엿볼 수 있다. 나니와 구이신보요코초에는 오사카 오므라이스의 원조인 홋쿄쿠세이와 카레라이스의 원조인 지유켄도 입점해 있으니 이곳에서 원조의 맛을 느껴보는 것도 좋겠다.

그 외에도 레스토랑이나 카페, 패스트푸드점들과 우산, 가방, 의류, 잡화 등 다양한 상점들이 입점해 있으며 지역 특산물을 판매하는 곳도 있어 다른 지역의 맛을 즐길 수 있다.

덴포잔은 이 외에도 세계 최대 규모의 대형 수족관인 가이유칸과 다양한 전시회가 열리는 독특한 형태를 한 산토리뮤지엄이 있다. 휴일에는 건물 앞 광장과 거리에서 각종 공연과 이벤트가 펼쳐지기도 한다. 가이유칸 옆으로는 항구를 순항하는 산타마리아 크루즈가 있으니 시간이 맞는다면 탑승해 보도록 하자. 대관람차와 마찬가지로 '오사카 주유패스' 소지자는 무료로 이용 가능하다.

point SHOP

세리아 Seria 100엔이라는 가격대에 괜시리 한번 들리게 만드는 세리아는 덴포잔 마켓플레이스 2층에 크게 자리 잡고 있다. 대부분의 물건이 100엔이지만 100엔을 넘는 물건은 따로 표시가 되어 있다. 문구용품, 사무용품, 욕실용품, 가정용품 등 실용성을 강조한 물건들이 가득하다. 일본에서 흔히 만나는 100엔 숍과 물건이 비슷하다고 보면 되겠다.

동구리공화국 どんくり共廊和國 〈이웃집의 토토로〉〈센과 치히로의 행방불명〉〈하울의 움직이는 성〉 등은 제목만 들어도 고개가 끄덕여지는 지브리 스튜디오의 애니메이션이다. 동구리공화국은 지브리 박물관의 상품을 가져와 판매하는 곳으로, 영상으로만 보았던 캐릭터들이 옹기종기 모여있다.

각 105엔

야 や 숍의 간판이 무척이나 인상깊은 야는 우산 전문 숍이다. 다양한 색상과 재질은 물론이고 이 숍만의 독특한 디자인이 눈에 띈다. 한국에서는 찾아볼 수 없는 우산들과 다양한 가격대에서 만족. 대부분의 상품들이 made in JAPAN으로 견고하고 튼튼하다. 일본에 가면 꼭 사야하는 것 중에 하나가 우산인데 가격도 저렴하지만 다양함에 마음이 끌린다. 덴포잔 마켓 플레이스에 간다면 꼭 들려보도록 하자.

1,050엔

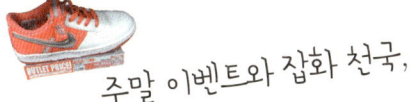

주말 이벤트와 잡화 천국, ATC 아시아 태평양 무역센터
ASIA THE PACIFIC TRADECENTER

난코 지역에 위치한 ATC 아시아 태평양 무역센터는 오사카 최대 규모의 쇼핑 아케이드이다. 부산과 오사카를 오가는 국제 페리 터미널이 있는 곳으로 부산에서 배를 타고 왔다면 이곳에서부터 오사카 여행이 시작된다. 난코는 바다에 둘러싸인 인공 섬으로 바다·태양·녹색을 테마로 주택과 상점, 거리들을 표현하였다.

난코에는 나니와 바다 시공관, 와인 박물관, 난코 야조원 등이 있어 쇼핑뿐만 아니라 주말을 즐기는 가족 단위의 모임이 다른 곳에 비해 많은 편이다.

그 중 WTC 코스모스타워와 마주하고 있는 ATC 아시아 태평양 무역센터는 크게 3개의 동으로 나뉘어 있다. 아웃도어, 의류, 잡화 관련 숍이 80여 개나 입점한 대형 아울렛과 대형 가구점, 수입 관련 무역점, 볼링센터, 오락시설이 입점해 있다. ATC 아시아 태평양 무역센터에서 가장 두드러지는 것은 레스토랑이다. 특색있는 다양한 종류의 레스토랑이 많아 선택의 폭이 넓다.

주말이면 언제나 다채로운 이벤트가 열려 활기 넘치는 축제 분위기가 연출된다. 댄스 동아리팀의 공연, 판토마임, 마술, 코스튬 플레이 행사 등 어딜 가나 공연 중이며, 저녁이 되면 야외 라이브 공연이 펼쳐져 ATC 아시아 태평양 무역센터의 분위기를 업시켜준다.

우울한 장마철, 우중충한 기분을 살려주는 데는
<지오라마>의 비비드한 장화가 한몫을 한다.
남녀노소 불문하고 나만의 개성을 살려주는 장화를 이번 여행에서 득템하는 건 어떨까.
어린이용 빨간 슬리퍼 1,355엔 어린이용 하늘색 줄무늬 장화 1,059엔

point SHOP

파파 라이스 Papa Rice 주로 아이들을 위한 의류를 판매하는 숍으로 다양한 소품들도 함께 판매한다. 특히 아이와 함께 커플룩으로 연출할 수 있는 엄마, 아빠의 의류도 있다. 깜찍하고 귀여운 배낭이나 장화 등은 인기 아이템이다.

스타베이션즈 STARVATIONS 알록달록, 자그마한 옷이 멀리서도 아이들을 위한 숍임을 짐작하게 한다. 스타베이션즈에서는 다양한 디자인 의류들을 판매한다. 일본에서 제작된 의류와 수입 의류가 함께 있어 아이가 있는 엄마들에게는 베스트로 손꼽히는 숍이다.

각 1,480엔

7,980엔

에이비씨 마트 ABC MART 더 이상 말이 필요없는 ABC 마트. 다양한 운동화를 저렴한 가격에 판매한다. 이곳에 있는 ABC 마트는 아울렛으로, 신사이바시나 아메리카 무라에 입점한 ABC 마트보다 더 저렴하게 원하는 운동화를 구입할 수 있다. 오사카에서 제일 저렴한 곳 중 하나다.

980엔

베이스톡 마켓 BAY STOCK MARKET 우연히 들어갔다가 횡재를 하고 나오는 숍으로, 다양한 의류와 소품들이 믿어지지 않는 가격으로 판매된다. 상품은 사계절 의류가 모두 나와 있어 선택의 폭이 넓다. 물론 여름엔 겨울 의류를, 겨울엔 여름 의류를 구입하는 것이 할인폭이 크다.

294엔

각 100엔

473엔

지오라마 G.IORAMA 구경하면 구경할수록 너무 재미있어 시간 가는 줄 모르는 숍이다. 생활용품, 가정용품, 주방용품 등 여러 잡화들과 먹을거리들도 판매한다. 재활용이나 아이디어 상품이 많은 것도 이 숍만의 특징이다.

4

할인+할인
아울렛+프리마켓

할인에 할인을 더한 아울렛
OUTLETS

오사카 쇼핑이 좋은 이유는 거대한 규모를 자랑하는 아울렛이 많다는 것이다. 보통 아울렛은 도심과 멀리 떨어져 있어서 여행 중에 들르려면 관광 일정을 포기하고 하루를 꼬박 투자해야 하지만 오사카의 아울렛은 1시간 전후면 찾아갈 수 있어서 반나절만 시간을 투자하면 된다. 쇼핑객들이 아울렛에 열광하는 이유는 이름만 대면 누구나 다 아는 우수한 브랜드의 질 좋은 상품을 시중가보다 저렴하게 구입할 수 있다는 점 때문이다. 크게는 한국보다 40~50%, 거기에 환율까지 도움을 준다면 50% 이상 저렴하게 알뜰 쇼핑을 할 수 있다.

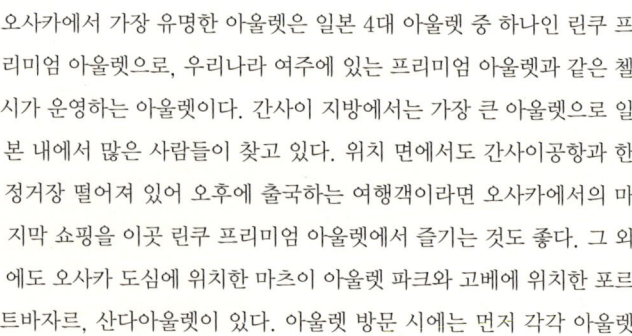

오사카에서 가장 유명한 아울렛은 일본 4대 아울렛 중 하나인 린쿠 프리미엄 아울렛으로, 우리나라 여주에 있는 프리미엄 아울렛과 같은 첼시가 운영하는 아울렛이다. 간사이 지방에서는 가장 큰 아울렛으로 일본 내에서 많은 사람들이 찾고 있다. 위치 면에서도 간사이공항과 한 정거장 떨어져 있어 오후에 출국하는 여행객이라면 오사카에서의 마지막 쇼핑을 이곳 린쿠 프리미엄 아울렛에서 즐기는 것도 좋다. 그 외에도 오사카 도심에 위치한 마츠이 아울렛 파크와 고베에 위치한 포르트바자르, 산다아울렛이 있다. 아울렛 방문 시에는 먼저 각각 아울렛

홈페이지를 참고하여 시즌별 세일이나 특별세일, 이벤트 등을 확인한 후 장소를 정해서 움직이도록 하자.

린쿠 프리미엄 아울렛 RINKU PREMIUM OUTLETS

린쿠타운이라고도 불리는 린쿠 프리미엄 아울렛은 간사이 지방 최대의 아울렛이다. 최대 규모답게 150개의 점포가 입점하여 둘러보는 것만으로도 상당한 시간이 소요된다. 아울렛 동은 흰색으로 칠해져 있어 편안하면서도 밝은 느낌을 준다. 이국적인 분위기로 장식된 거리에는 아기자기한 장식들과 야외숍들이 늘어서 있어 쇼핑 삼매경에 빠진 여행객들을 멈추게 한다. 햇볕이 좋은 날에는 야외 벤치에 앉아 간단한 점심을 하

면서 이야기하고 쇼핑을 즐기기에 더없이 좋은 곳이다. 린쿠 프리미엄 아울렛은 오사카를 찾는 쇼핑객들에게는 필수 코스이다. 간사이공항과 가까운 것이 가장 큰 매력이지만 그것을 제외하고서라도 이곳을 찾는 이유는 저렴한 가격과 다양한 숍 때문이다. 발리, 돌체앤가바나, 코치에서부터 누구나 좋아하는 갭, 나이키, 리바이스, 랄프로렌, 타사키, 폴리폴리, 프랑프랑 등과 귀금속, 생활용품을 비롯한 잡화들로 다양하게 꾸며져 있다. 300~400엔대의 저가 물건들도 많아 쇼핑의 즐거움을 업그레이드시켜준다. 린쿠 프리미엄 아울렛에는 아이들을 위한 키즈카페도 마련되어 있어서 어린아이를 동반한 쇼핑객에게는 편안히 쇼핑할 수 있는 시간을 제공한다.

린쿠 프리미엄 아울렛의 또 다른 매력 중 하나는 푸드코트이다. 일식, 중식, 양식, 패스트푸드 등의 다양한 먹거리가 있어 입맛대로 골라 먹는 재미가 있다. 특히 주문하는 즉시 그 자리에서 바로 만들어주는 크레페는 쇼핑으로 지친 입맛에 생기를 불어넣어 줄 것이다.

린쿠 프리미엄 아울렛을 방문할 때는 꼭 홈페이지를 먼저 방문하여 휴일이나 이벤트, 할인쿠폰, 선물 교환권 등을 미리 챙기도록 하자. 아무 계획 없이 무작정 방문했다가 해외 여행객을 위한 20~30% 할인쿠폰을 놓칠 수도 있다.

린쿠 프리미엄 아울렛은 시내에서 이동할 경우 중간에서 갈아탈 수 있는 교통수단이 거의 없다. 남바역에서 간사이공항행을 타고 곧장 가는 것이 가장 편리한 방법이다. 간혹 직행버스로 출발하는 경우도 있으나 미리 시간을 맞춰야

하며 대개 주말에만 운영된다. 출국 전 방문 계획이 있다면 미리 열차 시간을 알아놓고 커다란 짐들은 코인락커에 보관하고 움직이도록 하자. 아울렛에서 간사이공항으로 가는 셔틀버스가 있으나 40~45분 간격으로 운행된다. 쇼핑에 빠져 비행기를 놓치는 일이 없도록 린쿠 프리미엄 아울렛에서의 시간 관리는 철저히 하도록 하자.

가는 방법 지하철 난카이센 린쿠타운역 4번 출구
영업 시간 오전 10시~오후 8시(7, 8월은 오후 9시까지 연장)
휴무 2월 3번째 목요일
홈페이지 www.premiumoutlets.co.jp

마츠이 아울렛 파크 MITSUI OUTLET PARK

마츠이 아울렛 파크는 외국인들에게는 알려지지 않은 아울렛이다. 나의 경우에도 지하철 안의 광고 표지판을 보고 우연히 알게 되었다. 일단 다른 아울렛에 비해 교통편이나 시간을 절약할 수 있다는 장점에 길을 나서게 되었는데 뜻밖의 수확이 있었다.

마츠이 아울렛 파크는 아울렛의 느낌보다는 큰 백화점 혹은 대형 할인점의 느낌이 크다. 진정한 쇼핑객들을 위한다기보다는 가족 단위로 찾아오는 아울렛이라고 표현하는 편이 좋겠다. 린쿠 프리미엄 아울렛에 비하면 우리가 다 아는 명품이나 잘꾸며진 정원,

먹거리가 늘어선 푸드코드도 없다. 하지만 동선을 따로 그리면서 다니지 않아도 될 정도로 잘 꾸며져 있어 쇼핑하기에 편리하며 중저가 브랜드가 많아 주머니 가벼운 여행자들에게 즐거움을 준다. 리바이스, 크록스, ABC마트 등이 입점해 있으며, 다른 아울렛에서는 보기 힘든 미키하우스 같은 유아, 아동복 브랜드와 각종 어린이 브랜드가 많이 입점해 있어 각족 단위의 쇼핑객이 많다. 특히 원예, 식기 관련된 상점도 입점해 있어 현지인들이 자주 찾고 있다. 마츠이 아울렛 파크가 자랑하는 상점 중 하나는 무지 MUJI 숍이다. 아울렛 중에 가장 큰 규모로 의류에서부터 생활용품, 사무용품, 식품까지 다양한 상품들을 판매하고 있다. 가격도 아울렛답게 아주 파격적인데 남바역에 있는 무지에서 700엔에 구입한 수첩을 300엔에 팔고 있었다. 아울렛은 신상품을 판매하는 곳이 아닌 철 지난 상품을 저렴하게 판매하기 위해 만든 곳이다. 하지만 무지 아울렛에서는 지난 상품뿐만 아니라 지금 한창 팔리고 있는 제품도 세일가로 판매하고 있어서 좋다. 무지의 제품 자체가 유행을 타지 않는 아이템이고 50% 이상 저렴하게 구입할 수 있다는 건 누구한테나 매력적인 일이 될 것이다.

마츠이 아울렛 파크에는 약 70업체 정도가 입점해 있다. 다른 아울렛보다 규모 면에서는 작기 때문에 린쿠 프리미엄 아울렛처럼 붐비지 않는다. 아울렛마다 조금씩 세일기간이 다르고, 각 숍마다 타임세일이나, 레이디스세일, 데이세일들을 실시하고 있으므로 미리 정보를 얻는 일이 중요하다.

마츠이 아울렛 파크는 카도마미나미역 3번 출구에서 무료 셔틀버스를 운행하고 있다. 평일에는 오전 11시에서 오후 8시까지, 토요일과 휴일에는 오전 10시에서 7시까지 매시간 정시와 30분에 각각 출발한다.

가는 방법 나가호리 츠루미료쿠치센 카도마미나미역 3번 출구에서 도보 10분
영업 시간 오전 11시~오후 8시
휴무 한두 달 전 임의로 정해 홈페이지에 공지함
홈페이지 www.31op.com/osaka

고베 산다 프리미엄 아울렛 KOBE SANDA PREMIUM OUTLETS

첼시가 운영하는 또 다른 아울렛인 고베 산다 프리미엄 아울렛은 2007년 7월에 오픈했다. 롱샴, 구찌, 투미, 바나나리퍼블릭, 코치, 휴고보스, 갭, 아디다스, 나이키 그리고 일본 젊은이들이 열광하는 그라니프나 빔스 등 120여 개의 브랜드가 입점하여 고베를 여행하는 사람들에게 쇼핑의 즐거움을 안겨주고 있다. 다른 아울렛과 차별화되는 점은 여행에서 없어서는 안 될 동반자인 카메라 숍이 입점되어 많은 사랑을 받고 있다는 점이다. 조금은 저렴한 아울렛 가격으로 구입할 수 있으니 관심 있다면 눈여겨볼 만하다. 마치 미국의 도시를 통째로 옮겨 놓은 듯한 산다 프리미엄 아울렛의 이국적인 분위기가 인상적이며 첼시만의 특색있고 세련된 인테리어와 다양한 푸드코트는 많은 사람이 찾게 만드는 비결이다. 산다 프리미엄 아울렛은 이온 AEON이라는 생활용품 쇼핑몰과 져스코 JUSCO라는 대형 쇼핑몰로 연결되어 있다. 특히 져스코는 일본 최대의 대형쇼핑몰

중 하나로 식료품을 위주로 판매하는 곳이다. 일본에는 카레, 각종 장류, 커피, 녹차, 라멘, 초콜릿, 음료수 등 다양한 가공식품들이 가득하다. 최근 쇼핑을 위해 일본을 찾는 여행객들의 트렁크에 빠지지 않고 등장하는 것이 식료품이다. 일반 식료품점보다 10~20%, 많게는 30% 이상 저렴한 져스코에서 알뜰쇼핑하는 것도 즐거운 일이다. 원스톱 쇼핑을 원한다면 고베 산다 프리미엄 아울렛을 추천한다.

가는 방법 우메다 오사카역에서 지하철을 타고 산다역에서 하차. 10번 버스 정류장에서 버스 이용하여 종점에서 하차
영업 시간 오전 10시~오후 8시(7, 8월은 오후 9시까지 연장)
휴무 4월 말에서 5월 초까지 시작되는 골든위크
홈페이지 www.premiumoutlets.co.jp/kobesanda

쇼핑에 있어서 아울렛은 큰 기쁨!
고베 포르토 바자르에서 적절한 가격의 리바이스를 만났다.
퀼팅 처리된 겨울 셔츠 7,350엔 노란색 티셔츠 1,900엔

고베 포르토 바자르 아울렛 KOBE PORTO BAZAR OUTLETS

커다란 키를 자랑하는 야자수가 가로수로 심어진 포르토 바자르는 해양도시다운 고베의 진면목을 볼 수 있는 아울렛이다. 고베항 바로 옆에 위치해 있는데다가 유럽풍으로 꾸며놓은 건축물과 주변 경관에 잘 어우러진 인테리어는 굳이 쇼핑 목적이 아니더라도 포르토 바자르 아울렛을 찾게 만든다. 특히 이곳에서 여유롭게 바라보는 아카시해협대교의 모습과 정박해 놓은 요트는 마치 어느 휴양지에서 쉬고 있다는 착각을 불러일으킨다. 시간적 여유가 있다면 책 한 권 들고 햇볕이 좋은 적당한 자리를 찾아 잠시 머무르고 싶게 한다.

100여 개의 브랜드가 보기 좋게 잘 정돈되어 있는 포트로 바자르 아울렛은 광장 한가운데 정박한 아름다운 범선과 주말이면 펼쳐지는 재즈 공연, 음악회 등 많은 구경거리가 즐비하다.

포르토 바자르가 유명한 또 하나의 이유는 씨푸드 레스토랑이다. 갓 잡은 듯 신선한 해산물은 쇼핑의 즐거움을 높여주기에 충분한 에너지를 가지고 있다.

해산물을 좋아하는 여행객이라면 꼭 한번 들러 그 맛을 느껴보길 바란다.
포르토 바자르의 야경은 고베에서 손꼽는 야경 중 한 곳으로, 해 질 무렵이 되면 쇼핑 목적보다는 붉게 물들어가는 아카시해협을 보기 위해 가족과 연인들이 하나둘 모여들기 시작한다. 오전에는 고베의 모토마치나 기타노이지칸 등 시내 구경을 하고 오후에 포르토 바자르 아울렛으로 발길을 돌려 쇼핑과 야경 감상에 푹 빠져보는 건 어떨까.

가는 방법 우메다 오사카역에서 지하철을 타고 타루미역에서 하차. 서쪽 출구로 나가 도보 15분 소요(토요일과 휴일은 15분 가격으로 무료 셔틀버스 운행) JR을 이용할 경우에는 산요다루마역에서 하차. 도보 10분 소요
영업 시간 : 오전 10시~오후 8시(씨푸드 레스토랑은 오후 9시까지)
휴무 한두 달 전 임의로 정해 홈페이지에 공지함
홈페이지 www.31op.com/kobe

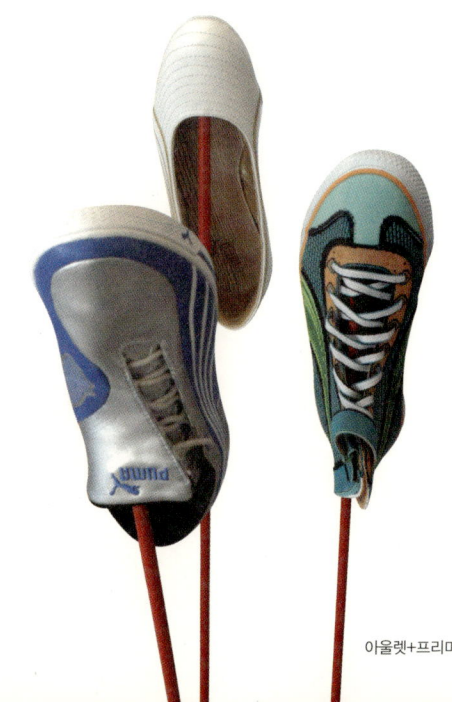

point SHOP

780엔

대부분의 아울렛에 입점해 있는 숍들 중에서 현지 선호도 높은 알짜배기 숍들을 살펴보자.
프랑프랑 franc franc의 생활용품과 주방용품, 소규모 가구들은 여성들에게 많은 사랑을 받고 있다. 특히 아울렛에서 정가의 50% 이상 저렴하게 구입할 수 있다는 것은 기쁜 일이 아닐 수 없다.
말이 필요없는 **디젤 DIESEL**은 10, 20대의 열광적인 지지를 받고 있으며 일본뿐 아니라 한국에서도 선호도가 높은 캐주얼 의류이다.
신발을 좋아하는 여성에게 **나인웨스트 NINE WEST**는 교과서와 같다. 세련되고 멋지며 누구나 소화할 수 있는, 무엇보다 발이 편한 구두는 나인웨스트의 자랑이다.
베베 BEBE는 유·아동복 의류를 판매하는 곳으로 귀엽고 사랑스러우며 톡톡 튀는 디자인이 인상적이다. 엄마, 아빠와 함께 입을 수 있는 커플룩이 베스트 상품이다.

1,280엔

7,875엔   16,800엔

각 350엔

라코스테 LACOSTE에서는 한국에는 없는 새로운 디자인과 색상을 만나볼 수 있다.
콜롬비아 Couimbia와 **몽벨 mont bell** 역시 다양한 디자인의 아우터와 배낭 등을 만날 수 있으며 가격도 저렴하여 두 배의 기쁨을 느낄 수 있다.
크록스 crocs 신발을 보면 여름이 되었음을 알 수 있다. 가볍고 기능적이며 신발 장식을 내 맘대로 할 수 있어 아이들에게 인기가 좋다. 이곳에서 만나는 크록스는 여성을 위한 웨지힐과 겨울용 부츠가 있어 목적에 맞게 선택이 가능하다.
말이 필요없는 **코치 COACH**는 많은 여성들의 사랑을 받는 브랜드이다. 지난 시즌의 상품은 물론이고 신제품도 함께 판매하고 있다.

3,240엔

2,900엔

아울렛+프리마켓 _ 167

숨겨진 보물 찾기 프리마켓
FREEMARKET

그 나라의 참모습을 알고 싶다면 시장을 둘러보라는 얘기가 있다. 일본의 숨은 매력을 들춰보기 좋은 곳은 바로 프리마켓이다. 구제 물건, 재활용품 사용이 활발한 일본은 프리마켓이 발달해 있다. 물건 하나를 구입하면 조심스레 사용하고 다시 그 물건을 되파는 문화는 지금의 프리마켓을 발전시켜 놓은 게 아닌가 싶다. 일본에서 특히 눈에 많이 띄는 중고 명품 숍만 보더라도 일본인들의 성향을 조금은 알 수 있을 것이다.

프리마켓은 여행객들에게 숨은 보물찾기 같은 재미난 곳이다. 특히 오사카는 일본에서 가장 많은 프리마켓이 열리는 곳으로 주말에 오사카를 방문하게 된다면 구경 삼아 둘러보는 것도 좋다.

프리마켓이라고 모두 한 번씩 사용했던 물건만 있는 것은 아니다. 한땀한땀 바느질로 만든 소품들과 아이디어가 번뜩이는 도구들, 일본 특유의 아기자기함이 돋보이는 색다른 아이템들도 만나볼 수 있다. 무엇보다 프리마켓이 좋은 이유는 가격이 합리적이라는 데 있다. 저렴한 가격과 언어가 통하지 않아도 흥정이 가능하다는 것은 프리마켓만이 가진 매력이다.

최근에는 우리나라의 소규모 상인들도 오사카 벼룩시장에 참여하여 짭짤한 수익을 거두고 있다. 미리 협회에 신청하면 참여가 가능하다. 일본에서 꼭 한번 프리마켓에 직접 참여하거나 둘러보고 싶다면 미리 사이트를 통해 정보를 알아보는 것이 중요하다. 프리마켓은 보통 격주로 열리지만 날짜가 정해져 있지는 않다. 사이트를 통해 본인 여행 일정에 맞는 프리마켓을 미리 찾아보도록 하자. 대개 1~2개월의 일정이 소개되어 있으며 열린다 하더라도 대부분 야외 행사이므로 우천시에는 예고 없이 취소된다.

보는 즐거움, 저렴하게 사는 즐거움, 깎는 즐거움, 고르는 즐거움이 있는 프리마켓에서 보물찾기를 시작해 보자.

일본 프리마켓 정보 사이트 : 빅로베 www2j.biglobe.ne.jp/~tatuta

오사카항 프리마켓 OSAKA PORT FREEMARKET

오사카 최대 규모의 프리마켓인 오사카항 프리마켓에는 보통 150부스 정도가 참가한다. 단 한 번도 본 적이 없는 특이한 물건들과 손때 묻은 오래된 가죽제품들, 새로 개발한 아이디어가 물씬 풍기는 제품들이 저렴한 가격으로 새 주인을 찾고 있다. 최대 규모의 프리마켓답게 먹거리 부스도 다양하다. 오사카 주요 간식인 타코야키에서부터 오코노미야키, 야끼소바, 우동, 라멘, 꼬치, 핫도그는 물론이고 최근에는 떡볶이, 김밥, 파전 등이 등장하여 먹거리의 한류바람을 느낄 수 있다. 저녁이 되면 인디밴드의 공연이나 재즈 공연, 마술쇼, 음악회 등이 열려 프리마켓을 축제로 만든다.

오사카항 프리마켓은 간이 화장실 설치와 음료대, 쓰레기 처리 등의 명목으로 300엔의 입장료를 받는다. 보통 격주 토요일이나 일요일에 개최되는데 상황에 따라 개최하지 않을 수 있으므로 인터넷 사이트에서 일정을 확인하고 가야 한다.

부산에서 배를 타고 오사카항으로 입국하는 경우에는 도보 2~3분 거리에 위치해 있으며 오사카 내에서 오는 경우라면 코스모스퀘어역에서 하차하여 무료 셔틀버스로 이동하면 된다. 하지만 오후 1~2시까지만 10분 간격으로 운행하므로 이외의 시간에는 걷거나 택시를 타야 한다.

장소 오사카항 앞 주차장
가는 방법 코스모스퀘어역 하차, 셔틀 이용 혹은 도보 15분
날짜 격주 일요일, 변동이 많으니 홈페이지에서 미리 확인
시간 오전 11시~오후 4시
입장료 300엔

WTC 코스모타워 프리마켓 WTC COSMOTOWER FREEMARKET

안내책자를 보고 찾아간 프리마켓이 열리지 않아 방황하던 중 우연히 발견한 WTC코스모타워 프리마켓은 이름 그대로 WTC코스모타워 1·2층에서 열리고 있었다. 날씨가 화창한 날에는 WTC코스모타워 앞인 토레도센타마에역까지 프리마켓이 형성된다.

100부스 이상이 참여하는 프리마켓으로 한 달에 한 번 정도 열리고 있으며 여느 프리마켓과 마찬가지로 다양한 물건들이 선보인다. 물건을 구입할 요량은

유럽여행 때 구입했으며
단 한 번도 사용하지 않은 새 제품이라는 말을 강조하며
살며시 미소 띠는 젊은 부부의 모습이 보기 좋아
가격 흥정 없이 800엔에 구입했다.

아니었으나 사진 찍는 원래의 목적은 뒤로 미뤄둔 채 흥정하고 있는 나를 보게 되었다. 유럽 여행에서 구입한 잔이고 한 번도 사용하지 않았다는 잔 세트를 800엔에 구입하고, 손으로 직접 만들었다는 인형 달린 고무밴드와 고양이가 수놓아진 열쇠고리를 각각 100엔에 구입했다. 전부 사용한 돈은 1,000엔이었지만 마음은 10,000엔어치를 구입한 것처럼 풍요로웠다.

WTC코스모타워는 53층 전망대로도 유명한 곳이다. 아름다운 석양을 보러 갈 계획이라면 프리마켓과 시간을 맞춰보는 것도 좋겠다. 실내에서 열리므로 비가 와도 정해진 날짜에는 반드시 열린다.

외국 여행 시 프리마켓을 찾아가는 것보다 좋은 여행은 없다. 프리마켓은 쇼핑을 잘하는 방법이기도 하지만 그들의 모습을 직접 볼 수 있고 대화가 가능하다면 좀 더 그들에게 편안히 다가갈 수 있는 인상적인 시간이 될 것이다. 해외 여행을 간다면 꼭 프리마켓에 나의 발자취를 남겨보도록 하자.

장소 WTC코스모스타워 1·2층
가는 방법 난코포트타운센을 타고 토레도센타마에역에서 하차, 도보 5분
날짜 매달 한 번 토요일, 변동이 많으니 사이트에서 미리 확인
시간 오전 11시~오후 5시

프리마켓 에필로그

프리마켓은 여행객들에게 잠깐 들려보는 관광지 같은 곳일지 모르지만 일본인들에게는 필요한 물건을 저렴하게 구입할 수 있는 시민마켓이라고 할 수 있다. 프리마켓이 차려진 이곳저곳을 돌아다니다 보면 남녀노소 쇼핑 삼매경에 빠져 있는 것을 볼 수 있는데 개인적으로 보기에도 좋고 배울점이 많다.

그냥 보고 즐기는 것이 아닌 다시 재활용하여 사용하고 필요한 사람에게 되파는 문화는 우리가 배워야 할 일본인들의 좋은 사고방식 중 하나라는 생각이 든다.

대부분 정찰제가 확실한 일본에서 프리마켓은 예외라고 할 수 있다. 여러 개를 구입하고 덤을 받아가는 것도 프리마켓에서는 가능하다. 구경하는 재미와 산더미같은 여러 물건 중에서 보물찾기하듯 대박물건을 골라낸다면 베스트 쇼핑을 한 거나 다름없다.

프리마켓으로 향하는 길목에 직접 기른 농작물을 가지고 나와 저렴하게 판매하고 있었다. 한 보따리에 무조건 **150엔**. 물가 비싼 일본에서 흐뭇한 일이 아닐 수 없다.

100엔

100엔 짜리 하나를 구입하는데 자신이 직접 수작업해서 만들었다며 작품 설명을 늘어놓았다.

오사카 시티 투어

오사카 성 大阪城

나고야 성, 구마모토 성과 함께 일본 3대 성에 꼽히는 오사카 성은 오사카 여행에 있어 꼭 들려야 하는 곳이다. 1,400여 년간 이어온 오사카 역사의 근거자료가 되는 오사카 성은 토요토미 히데요시가 축성한 성이다. 높이가 55m, 총 8층으로 천수각 지붕에 8마리의 범고래 조각과 성 외벽에 8마리의 범 모양이 금으로 장식되어 그 화려함을 더한다. 원래는 목조 건물로 지어졌으나 잦은 전쟁으로 파괴되고 1931년에 콘크리트로 재건하였다. 오사카 시내를 조망할 수 있는 천수각에는 당시의 유물들이 전시되어 있으며 8층에는 황금 다실이 있다. 오사카 성과 그 주변에는 자연을 그대로 담은 녹지대가 있어 사시사철 사람들의 발길이 끊이질 않는다. 특히 봄날 벚꽃과 어우러진 오사카 성의 모습을 보기 위해 해외는 물론 일본 각지에서 온 많은 사람들이 봄소풍을 즐기는 모습 또한 감탄사를 연발하게 한다. 오사카 성 주변으로는 여러 박물관과 공연장, NHK홀, 야구장 등이 있다. 오사카 성을 방문했다면 가까운 거리에 있는 다른 곳을 찾아 문화생활에 동참해보자.

가는 방법 JR오사카조엔역 서쪽 출구에서 도보 10분. 지하철 텐마바시역, 다니마치욘초메역, 주오센다니마치욘초메역 9번 출구에서 도보 7분
시간 09:00~17:00(16:30까지 입장 가능)
휴일 연말연시, 12월 28일~1월 1일
입장료 덴슈카쿠 600엔
홈페이지 www.osakacastle.net/hangle

오사카역사박물관 大阪歷史博物館

그 나라를 알기 위한 가장 좋은 방법은 먼저 역사박물관을 방문하는 것이다. 1400년 오사카의 역사를 알려주는 오사카역사박물관은 10층에 위치한 고대사 코너에서부터 7층의 현대사 코너로 구성되어 오사카의 오랜 과거부터 현재의 모습까지 각종 유물과 조감도를 통해 자세히 소개하고 있다. 각 층마다 시원스럽게 밖을 내다볼 수 있는 전망대가 있어 오사카 성과 주변 지역을 볼 수 있다. 한국어 서비스가 제공된다.

가는 방법 다니마치욘초메역, 주오센다니마치욘초메역 9번 출구에서 도보 3분
시간 09:30~17:00(금요일은 20:00까지)
휴일 매주 화요일
입장료 600엔 / 대학생, 고등학생 400엔
홈페이지 www.mus-his.city.osaks.jp

오사카 시립 동양도자미술관 · 오사카시 중앙공회당
大阪市立東洋陶磁美術館 · 大阪市中央公会堂

오사카에서 산책하기 좋은 거리 1위에 뽑힌 나카노시마는 오사카의 중심부를 흐르는 도지마 강과 도사보리 강 사이에 위치하고 있다. 1891년에 만들어진 오사카 최초의 수상공원인 나카노시마 공원에는 오사카시 중앙공회당과 동양도자미술관이 있다. 붉은 벽돌과 청록색을 띠는 둥근 모양의 모자를 쓰고 있는 중앙공회당의 모습이 독특하다.

동양도자미술관은 동양 도자기의 아름다움과 우수성을 감상할 수 있는 곳이다. 2층으로 이루어진 전시장에는 일본 도자기와 한국 도자기가 793점, 한국인 이병창이 기증한 도자기 301점을 비롯하여 중국 도자기 등 약 2700점을 소개하고 있다. 한국 도자기가 다른 미술관보다 많아 한국에서 전시를 보고 있는 듯한 착각에 빠지기도 한다. 1층에는 차를 마시며 쉴 수 있는 카페가 있다.

가는 방법 지하철 미도스지센 요도바시역. 사카이스지센 기타하마역에서 도보 5분
시간 동양도자미술관 09:30~16:30
휴일 월요일(월요일이 휴일인 경우는 개관, 화요일 휴무), 연말연시
입장료 : 500엔
홈페이지 www.moco.or.jp

오사카 국립국제미술관 · 오사카 시립과학관
大阪 国立国際美術館 · 大阪市立科学館

2007년 문을 연 오사카 국립 국제미술관은 나카노시마 섬 지하 2층에 걸쳐서 자리 잡고 있는 대형 미술관이다. 지상 건물은 대나무가 자라는 모습을 형상화하여 제작하였는데 그 모습이 매력적이며 독특하다. 전시 내용은 일본의 작품과 외국의 현대미술, 미술관 자체 소장품들을 상설 전시하며, 특별전시회도 다양하게 열린다. 예술에 관심 있는 여행자는 꼭 시간을 내어 방문하길 권하고 싶다.

미술관 옆에 나란히 자리하고 있는 오사카 시립과학관은 주말이면 아이들과 함께 방문하는 손님들로 문전성시를 이룬다. 4층짜리 원통형 건물에는 우주, 화학, 전기, 에너지의 세상을 여러가지 체험을 통해 자연스럽게 습득하도록 만들어졌다. 특이한 형태로 비춰주는 거울과 착시현상을 이용한 과학의 신비 등 다양한 체험학습 코너들이 있어 관람객을 즐겁게 한다.

가는 방법 요츠바시센을 타고 히고바시역에서 하차, 2, 3번 출구에서 도보 10~15분
시간 미술관 10:00~17:00(금요일은 19:00), 과학관 9:30~16:45
휴일 월요일(월요일이 휴일인 경우는 개관, 화요일 휴무), 연말연시
입장료 미술관 420엔(특별전시는 별도 요금), 과학관 400엔
홈페이지 미술관 www.nmao.go.jp 과학관 www.sci-museum.jp

우메다 스카이 빌딩 공중정원 梅田スカイビル 空中庭園

40층 높이에 2개의 동으로 나누어진 우메다 스카이 빌딩의 우뚝 선 모습은 멀리서도 그 웅장함에 숨이 멎는 듯하다. 2개 동의 최상층을 연결한 공간을 공중정원으로 만들어놓아 오사카 시가지를 360도의 파노라마로 감상할 수 있다. 주위를 둘러보면 99%가 연인들로, 공중정원은 오사카 연인들에게 최고의 데이트 장소로 손꼽힌다. 이 외에도 지하에는 옛 거리를 재현해 놓은 식당가 다미지코지가 있으며, 1층에는 나카시젠노모리라는 인공정원이 있다.

가는 방법 한큐 미도스지센 우메다역 5번 출구에서 도보 15분. JR오사카역 북쪽 출구에서 도보 10분
시간 10:00~23:00(연말연시나 크리스마스 때는 연장)
휴일 부정기 휴무
입장료 공중정원 700엔(매표소 입구는 3층)
홈페이지 www.skybldg.co.jp

신가부키자 新歌舞伎座

현대적인 고층건물이 제각각의 모습을 드러내는 난바역. 그 한쪽에는 전통미 물씬 풍기는 신가부키자가 눈에 띄는 모양새로 자리하고 있다. 주로 전통 연극이나, 희극, 일본 엔카 공연 등 전통적인 공연이 열리는 곳이다.

가는 방법 난카이센 남바역 북쪽 출구에서 대각선 맞은편

남바 힙스 難波 HIPS

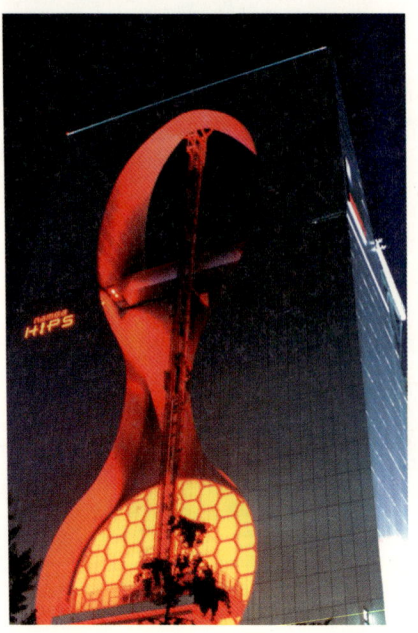

건물 한가운데 호리병 모양의 구멍이 나 있고 그 사이로 빨간색 기둥이 중심을 가르는 힙스 건물은 오사카를 대표하는 건물 중 하나다. 빨간색의 기둥은 우리나라의 자이로드롭과 비슷한 놀이기구인 '야바포'로 도시 한복판에서의 짜릿함을 느낄 수 있다. 힙스는 식당, 파칭코, 게임센터 등이 합쳐진 대형 어뮤즈먼트 센터이다.

가는 방법 남바역 15-B 출구 바로 앞
시간 야바포 10:00~24:00
휴일 부정기 휴무
입장료 1,000엔

시텐노지 四天王寺

우리나라 백제 불교의 영향을 받은 시텐노지는 일본의 쇼토쿠 태자가 백제의 기술자를 데려와 짓게 만든 일본 최초의 사찰이다. 시텐노지를 둘러보면 백제시대의 불교 건축양식이나 탑 등을 볼 수 있다. 오사카항이 외국 문물을 받아들이는 곳으로, 시텐노지는 과거 외국 사신들을 영접하는 영빈관으로 사용되기도 하였다. 그 후 제2차 세계대전 때 소실되었고, 1971년 재건하였으나 과거의 모습을 찾아보기 어렵다. 매달 21, 22일에는 시텐노지 경내에서 프리마켓이 열리는데 많은 사람들이 찾아와 이 또한 여행자들에게 흥미로운 볼거리다.

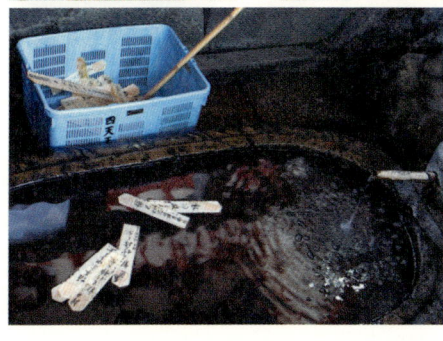 

가는 방법 다니마치센 시텐노지마에유히가오카역 4번 출구에서 도보 5분, JR 텐노지역 북쪽 출구에서 도보 10분
시간 08:30~16:30(10월~3월은 16:00까지)
휴일 연중무휴(보물관만 월요일 휴무)
입장료 가람 300엔, 보물관 200엔, 혼보 정원 300엔, 공통권 700엔
홈페이지 www.shitennoji.or.jp

텐노지 공원 天王寺公園

조용하고 드넓은 텐노지 동원은 오사카 남부에서 가장 큰 도시공원이다.

공원 내에 있는 오사카 시립미술관은 1936년 개관하였으며 텐노지 공원 중앙에 위치하고 있다. 역사적 유물이나 그림, 조각, 공예품 등 약 8,000여 점을 전시하고 있는데 대부분이 국보나 중요문화제로 지정되어 있다.

이곳 텐노지 공원에서 또 하나 유명한 곳은 텐노지 동물원이다. 1951년 문을 연, 일본에서 세 번째로 오래된 동물원이다. 오랜 역사만큼이나 시설은 낙후되었지만 코끼리, 사자, 침팬지 등 300여 종의 1,500마리의 동물들이 살고 있다.

공원 내의 일본식 정원인 케이카쿠엔은 일본 정원의 깔끔함과 아기자기함을 느낄 수 있는 정원으로 잠시 걸으며 사색하기 좋은 곳이다. 도쿄 우에노 공원처럼 맑은 날이면 노숙자들이 모여들지만, 도심 속 오아시스 역할을 하는 텐노지 공원은 시민들의 영원한 휴식 장소이자, 오사카 도심의 유일한 공원으로 사랑받고 있다.

가는 방법 미도스지센 텐노지역 하차, 1번 출구에서 도보 3분, JR 텐노지역 남쪽 출구에서 도보 3분
시간 공원 09:30~17:00
휴일 월요일
입장료 텐노지 공원 150엔, 미술관 300엔, 동물원 500엔
홈페이지 www.mus-his.city.osaka.jp

쓰텐카쿠 通天閣

1912년 프랑스의 에펠탑과 개선문을 모방해서 만들었다는 쓰텐카쿠는 제2차 세계대전 때 소실되었다. 지금의 쓰텐카쿠는 1956년 위치를 옆으로 옮겨 높이 103m로 재건되었으며 당시 일본에서는 처음 세워진 타워로 오사카의 상징물로 많은 사랑을 받았다. 또한 일본 최초의 국산 엘리베이터가 설치된 곳이기도 하다. '하늘과 통하는 높은 건물'이라는 멋진 이름을 가진 쓰텐카쿠의 전망대에서는 오사카 성과 고층건물, 롯코산에 이르기까지 오사카 주변을 감상할 수 있다. 전망대에는 미국의 여류 미술가가 꿈에서 본 신을 토대로 만든 '빌리켄'이라는 조금은 익살스러운 신이 모셔져 있다. 빌리켄의 발바닥을 만져주면 행운이 온다고 한다.

가는 방법 미도스지센 도부쓰엔마에 역 하차, 5번 출구에서 도보 5분. 사카이스지센 에비스초역 하차 3번 출구에서 도보 2분
시간 10:00~18:00
휴일 연중무휴
입장료 전망대 600엔
홈페이지 www.tsutenkaku.co.jp

신세카이 · 잔잔요코초 新世界· ジャンジャン横丁

오사카에서 서민적인 맛을 찾고 싶다면 신세카이로 가야 한다. 1912년 초 쓰텐카쿠가 세워지고 도에이에서 만든 극장인 루나파크가 완성되자 이 일대로 극장, 음식점 등 여러 상점들이 모여들기 시작하면서 신세카이가 형성되었다. 당시에는 오사카 제1의 번화가로 명성이 자자했으나, 1923년 루나파크가 문을 닫으면서 점차 쇠퇴하기 시작했다. 지금은 예전 오사카의 모습이 그대로 남아 있는 신세카이로 색다른 볼거리를 찾아 많은 사람들이 오고 있다. 울긋불긋 원색의 물결들과 살아있는 듯한 입체 간판은 도톤보리와는 또다른 느낌이다. 신세카이에서는 구시카쓰, 꼬치, 타코야키 등 오사카 대표 먹거리들을 저렴한 가격에 즐길 수 있어 주머니 가벼운 여행자들에겐 기분 좋은 장소이다.

신세카이를 따라 가다 보면 어느새 만나게 되는 잔잔요코초. 총 길이 180m인 이곳 역시 서민들의 정서가 물씬 풍겨나는 아케이드 거리다. 타코야키, 오코노미야키, 만두, 라멘 등을 파는 음식점이 늘어서 있다. 제2차 세계대전이 끝난 후, 가게로 손님이 들어오도록 사미센으로 연주를 했었는데 이때 사미센이 내는 소리인 '잔잔'이 이곳 이름의 유래가 되었다고 한다. 젊은이들보다는 나이 지긋하신 분들의 추억이 담긴 장소로 기원에서 바둑을 두는 모습도 그림이 되는 정말 소박한 골목이다. 오

사카 일정의 마지막, 색다른 곳에서 한잔 하고 싶다면 이곳 잔잔요코초를 추천한다.

가는 방법 미도스지센 도부쓰엔마에역 하차, 5번 출구에서 도보 5분. 사카이스지센 에비스초역 하차, 3번 출구에서 도보 2분

스파월드 세카이노다이온센 スパワールド 世界の大温泉

일본여행에서 빠질 수 없는 것이 바로 온천. 스파월드 세카이노다이온센은 말 그대로 세계의 온천을 모아 놓은 대규모 온천 시설이다. 내부 시설은 크게 온천, 수영장, 헬스장, 호텔, 식당으로 이루어져 있으며 아시아존과 유럽존으로 나뉜 남탕과 여탕은 한 달씩 번갈아 사용한다. 세카이노다이온센의 가장 큰 매력은 최상층인 8층에 있는 전망가족탕과 대형 수영장이다. 수영장은 수영복 착용이 필수이며, 없을 경우 350엔에 대여 가능하다. 특히 밤에 가면 화려한 오사카 시내의 야경을 감상하며 따뜻한 온천에 몸을 맡길 수 있어 좋다.

가는 방법 미도스지센 도부쓰엔마에역 하차, 5번 출구에서 도보 5분. 사카이스지센 에비스초역 하차 3번 출구에서 도보 2분
시간 24시간
휴일 연중무휴
입장료 1일권 2700엔(토요일, 일요일, 휴일에는 3,000엔)
홈페이지 www.spaworld.co.jp

가이유칸 海遊館

세계 최대급으로 일본이 자랑하는 수족관이다. 폭 34m, 깊이 9m인 4층 건물 크기의 수족관에 거대한 상어와 바다표범, 돌고래들이 유유히 헤엄친다. 태평양 지역에서 서식하는 580여 종, 4만여 마리의 생물들은 각각 14개의 수족관에 나뉘어 손님을 맞는다. 아이들에게 가장 인기 좋은 곳은 수족관 최상에 있는 수달이다. 귀여운 수달의 움직임에 아이들은 환호한다. 그밖에도 파충류와 바닷가 조류, 다양한 해파리들을 볼 수 있다.

가는 방법 주오센 오사카코역 하차, 1번 출구에서 도보 10분
시간 10:00~20:00
휴일 부정기 휴무
입장료 2000엔
홈페이지 www.kaiyukan.com

산토리 뮤지엄 サントリミュージアム

세계적인 건축가 안도 다다오가 설계한 건물이라는 것으로도 충분히 볼만한 가치가 있는 산토리 뮤지엄. 입체영상 영화관과 갤러리가 있는 복합문화공간이다. 높이 20 m, 폭 28m의 세계 최대 규모의 3D 아이맥스 영화관에서 펼쳐지는 박진감 넘치는 영상은 최고의 볼거리다. 갤러리에서는 생활 속 디자인과 예술을 테마로 누구나 쉽게 즐길 수 있는 전시회가 열린다. 바다를 향한 건물 외벽을 전면 유리로 하여 오사카만의 아름다운 석양을 감상할 수 있도록 하였다.

가는 방법 주오센 오사카코역 하차, 1번 출구에서 도보 10분
시간 10:30~19:30(갤러리), 11:00~20:00(아이맥스 영화관)
휴일 월요일
입장료 갤러리 1000엔, 아이맥스 영화관 1000엔
홈페이지 www.suntory.jp/culture/sm

산타마리아 サンタマリア

콜럼버스가 탔던 산타마리아호를 그대로 재현한 오사카 덴포잔의 관광 유람선이다. 50분 가량 오사카항을 일주한다. 예쁜 도시락을 들고 승선하여 소박한 정찬을 선상에서 즐겨보자. 연인들이 주 고객인 나이트 크루징은 1시간 45분 소요된다.

가는 방법 주오센 오사카코역 하차, 1번 출구에서 도보 10분. 가이유칸 오른쪽
시간 데이 크루징 11:00~17:00, 나이트 크루징 19:00(예약제)
휴일 부정기 휴무
입장료 데이 크루징 1600엔, 나이트 크루징 2500엔
홈페이지 suijo-bus.jp

WTC 코스모타워 WTCコスモタワ

간사이 지방에서 가장 높은 건물인 WTC 코스모타워의 정식 명칭은 오사카 월드트레이드센터빌딩이다. 높이 256m 규모의 빌딩은 지상 55층, 지하 3층으로 최고층에는 전망대가 있어 수십 킬로미터까지 떨어진 오사카 지역을 조망할 수 있다.

전망대는 초고속 엘리베이터를 이용해 52층까지 올라간 후 53층부터는 전체 길이 42m의 에스컬레이터를 이용해야 한다. 360도 파노라마 전망대로, 이곳에서 바라보는 야경이 아름다워 저녁이면 가족단위보다는 연인들이 많다. 46층과 47층은 전문 레스토랑들이 입점해 있는데 가격은 다소 비싸지만 아름다운 전망을 바라보며 분위기 내기에 그만이다. 1~3층에는 대형 이벤트 광장과 오락시설, 음식점들이 있으며 주말이면 부정기적으로 프리마켓이 열린다. 전망대는 한번 내려가면 다시 올라갈 수 없다는 걸 유의하도록 하자.

가는 방법 난코 포트타운센 트레이드센타마에역 하차, 도보 10분
시간 10:00~22:00
휴일 연중무휴
입장료 800엔
홈페이지 www.wtc-cosmotower.com

스포토로지 갤러리 スポートロヅ-ギャラリ-ミズノ

지상 31층 높이(147m)의 미즈노 본사 건물에 있는 미니 박물관을 겸한 쇼룸이다. 본사 빌딩이 결코 작지 않음에도 WTC 코스모타워에서 내려다 보면 마치 미니어처로 보인다. 박물관에는 1906년 '미즈노 상점' 시절부터 밀레니엄까지, 일본 프로야구와 관련된 전시물을 중심으로 올림픽 출전 선수들의 유니폼과 테니스·스키·골프용품을 연도별로 전시한다. '2020 꿈의 도전' 코너에는 미래 야구 경기에서 쓰일 배트, 글러브, 스파이크의 초기 모델을 전시하고 있어 무척 흥미롭다.

가는 방법 뉴트램 난코포토타운센 토레도센타마에역 하차 1번 출구 정면으로 나가 도보 8분
시간 10:00~18:00
휴일 토, 일, 공휴일, 연말연시
입장료 무료

나니와 바다 시공관 なにわの海の時空館

미래세계에서 떨어트린 듯한 둥근 공이 바다 위에 떠 있는 나니와 바다 시공관은 그 외관부터가 눈에 띈다. 유리로 만들어진 거대한 돔은 해양 박물관으로 1층에서 4층까지 오사카의 해양사를 재미있고 다양하게 소개하고 있다. 직접 체험할 수 있는 시뮬레이션이나 스릴넘치는 3D 영상을 보며 자연히 학습하게 되는, 어린이들에게 인기 만점인 곳이다.

가는 방법 난코 포트타운센 코스모스퀘어역 하차, 1번 출구에서 도보 15분
시간 10:00~17:00
휴일 월요일
입장료 600엔
홈페이지 www.jikukan.or.jp

유니버설 스튜디오 재팬
ユニバーサルスタジオジャパン

2001년에 오픈한 유니버설 스튜디오 재팬은 미국 할리우드 영화를 기반으로 조성된 대형 영화 테마파크이다. 할리우드 영화의 거장 스티븐 스필버그 감독이 고문을 맡아 다채로운 쇼와 어트랙션이 흥미진진하게 펼쳐진다. 남녀노소 누구나 좋아하는 스누피, 헬로키티 등 마음 속에 그리던 캐릭터들과 친구가 되어 마음껏 즐거운 시간을 갖는 곳이다. 연간 1000만 명에 이르는 관광객이 유니버설 스튜디오를 찾고 있으며 간사이 지역을 대표하는 테마파크로 손색이 없다. 도쿄돔 12배 크기의 유니버설 스튜디오 재팬에는 전혀 다른 표정을 지닌 9개의 구역이 있다. 이곳에서만 느낄 수 있는 다양한 즐거움과 개성 넘치는 레스토랑, 각종 캐릭터 숍 등에서 오감의 즐거움을 느껴보자.

	12세 이상	4~11세	65세 이상
1day 스튜디오패스	5,800엔	3,900엔	5,100엔
2day 스튜디오패스	10,000엔	6,900엔	10,000엔

유니버설 익스프레스 패스 북클릿 : 인기 어트랙션을 오래 기다리지 않고 바로 이용할 수 있는 티켓으로, 패스 종류와 가격이 날짜에 따라 달라진다. 구입하기 전 홈페이지에서 확인하도록 한다. 1일 판매 매수가 제한되어 있으며 티켓부스와 할리우드 구역에서 판매한다.

가는 방법 JR 유메사키센 유니버설시티역 하차, 도보 5분 홈페이지 www.usj.co.kr

어트랙션 즐기기

뉴욕 구역 NewYork Area 1930년대 뉴욕 거리를 재현한 곳으로 헐리우드 영화에서 봐왔던 분위기를 경험할 수 있다. 뉴욕 구역의 어메이징 어드벤처 오브 스파이더맨 더 라이드는 유니버설스튜디오 최고 인기 어트랙션으로 가장 긴 줄이 형성된다.
★어트랙션 : 어메이징 어드벤쳐 오브 스파이더맨 더 라이드 / 터미네이터 2:3-D

할리우드 구역 Hollywood Area 가장 많은 어트랙션과 고급 숍, 레스토랑이 밀집한 지역으로 유동인구가 가장 많아 번잡한 곳이다. 할리우드 메인 스트리트에 늘어선 키 큰 야자수가 기분을 좋게 만든다.
★어트랙션 : 슈렉 4-D 어드벤처 / 새서미 스트리트 4-D 무비 매직 / 유니버설 몬스터 라이브 록큰롤 쇼 / 애니메이션 셀레브레이션 / E.T.어드벤처

라군 Lagoon 유니버설 스튜디오 중앙에 위치한 라군은 넓은 호수와 벤치로 조성된 자연경관이 멋진 곳이다. 많은 사람들이 잠시 쉬어가는 공간이기도 하다. 저녁에는 불꽃놀이와 매직쇼가 펼쳐지기 때문에 미리 와서 자리를 잡아야 한다.
★어트랙션 : 피터팬 네버랜드

샌프란시스코 구역 San Francisco Area 샌프란시스코를 그대로 옮겨 놓은 듯한 곳으로 드넓은 호수와 차이나타운이 이색적이다.
★어트랙션 : 백투더 퓨처 더 라이드 / 백드래프트

쥬라기 공원 Jurassic Park 영화 속에서 그리던 곳과 같지는 않지만 열대지방의 우거진 숲을 후름라이드를 타고 탐험한다. 물이 튀어 옷을 적시지만 마음은 한층 즐거워진다.
입구에서 비옷을 300엔에 판매하고 있다.
★어트랙션 : 쥬라기 공원 더 라이드

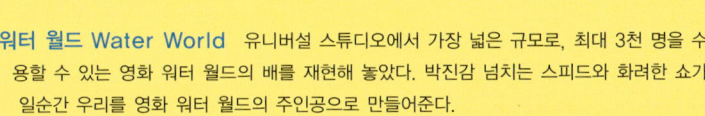

워터 월드 Water World 유니버설 스튜디오에서 가장 넓은 규모로, 최대 3천 명을 수용할 수 있는 영화 워터 월드의 배를 재현해 놓았다. 박진감 넘치는 스피드와 화려한 쇼가 일순간 우리를 영화 워터 월드의 주인공으로 만들어준다.
★어트랙션 : 워터 월드

애머티 빌리지 Amity Village 영화 〈죠스〉의 해변을 재현한 곳으로 뉴잉글랜드의 집, 가게, 교회 등을 그대로 옮겨 놓았다. 거꾸로 매달아 놓은 거대한 죠스 앞에서 기념사진을 찍기 위해 많은 사람들이 기다리고 있다.
★어트랙션 : 죠스

스누피 스튜디오 Snoopy Studio 너무나도 사랑스러운 스누피를 테마로 한 구역이다. 세계에서 가장 유명한 개, 스누피와 그의 친구들인 찰리 브라운, 루시 등 다양한 캐릭터들을 만날 수 있다.
★어트랙션 : 스누피 사운드 스테이지 어드벤처 / 스누피 플레이랜드

랜드 오브 오즈 Land of Oz 2006년 7월 새롭게 오픈한 〈오즈의 마법사〉의 한 장면을 그대로 재현해 놓은 곳이다. 도로시와 함께하는 환상의 세계가 펼쳐진다.
★어트랙션 : 위키즈 / 토토&프렌즈

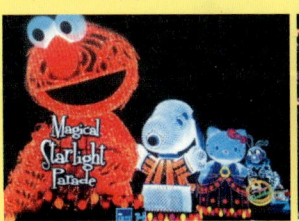

오사카 근교 나들이

낯선 도시로의 로맨틱 여행
고베 神戸

간사이를 대표하는 관광지 중 한 곳이 고베다. 한국에서 고베로 가기 위해서는 인천, 김포, 김해, 대구공항 등지에서 오사카 간사이국제공항까지 비행기를 이용하거나 또는 부산항에서 배를 타고 오사카 남항을 거쳐 고베까지 이동한다.

그렇기 때문에 대부분의 여행자들은 비즈니스 출장이 아니고서는 오사카를 중심으로 보통 3박4일 정도의 여행 일정을 준비하게 된다. 고베는 오사카역에서 JR을 이용하면 불과 30분이면 도착하기 때문에 일본 입국 당일 또는 한국으로 귀국하는 날짜의 자투리 시간을 활용하여 여행하는 경우가 많다. 고베는 크게 언덕 위에서 고베 시가지를 내려다 볼 수 있는 다운타운인 산노미야, 차이나타운, 항만시설, 대형쇼핑센터가 있는 베이에어리어, 일본에서 가장 오래된 3대 온천 중 한 곳인 아리마온센 지역으로 나눌 수 있다. 화창한 낮 시간대에 도착하였다면 산노미야를, 느지막한 오후에 도착하였다면 베이에어리어를, 이른 아침에 도착하였다면 아리마온센을 먼저 여행하는 것이 시간절약에 도움이 될 것이다.

고베 시내에서의 교통은 한큐·한신 전철과 지하철 세이신 야마테센, 고베 시내를 순환하는 시티루프버스를 이용하면 편리하다.

가는 방법 오사카에서 고베로는 한큐 전철, 한신 전철, JR, 긴테츠 전철 이용. 교토에서는 한큐 전철과 JR 이용, 나라에서는 긴테츠 전철과 JR을 이용하면 된다.

산노미야 三ノ宮

산노미야의 볼거리는 고베 다운타운 언덕으로 19세기 말~20세기 초반에 지은 이국적인 정취의 서양식 주택들이 펼쳐진 광경이다. 이들 볼거리 중간 중간에는 분위기 좋은 카페, 수다를 떨기에 좋은 카페테라스, 입맛을 즐겁게 하는 레스토랑, 나만의 독특한 선물인 잡화 아이템 숍이 즐비하기 때문에 심심할 겨를이 없는 지역이며, 보통 반나절이 필요하다.

산노미야의 이진칸 19곳을 모두 관람료를 내고 구경하려면 '이진칸 공통권'을 구입하는 것이 유리하다. 2관 공통권(500엔), 3관 공통권(1300엔), 9관 공통권(3500엔) 3종류가 있으며, 매표소는 기타노 곳곳에 있다.

가는 방법 사철 한큐센의 산노미야역 동쪽 개찰구에서 키타노자카 출구. 사철 한신센은 산노미야역 A11번 출구. JR 산노미야역 서쪽 또는 중앙 출구. 세이신 야마테센 산노미야역 또는 카이간센 산노미야 하나토케이마에역 하차

키타노 北野

고베항이 바라다보이는 가파른 언덕 위에 19세기 중반 이후부터 외국인 거주지로 조성된 곳이다. 외국인들이 거주하였던 '이진칸'이라는 다양한 건축양식의 집들은 아직 현지인 또는 외국인이 거주하기도 하지만, 대부분은 숍, 레스토랑, 전시관으로 내부를 개조하여 사용하고 있다. 이곳은 현지인들의 웨딩촬영 명소, 고베를 찾는 현지인 관광객들이 반드시 들리는 관광스폿이다. 골목마다 아기자기한 소품을 판매하는 숍, 조각케이크와 커피가 맛있는 카페들은 여행자들에게 지갑을 열게 만드는 마법의 장소다.

가는 방법 한큐센 산노미야역 동쪽 개찰구 키타노자카 출구에서 정면으로 도보 10분. 시티루프버스 키타노이진칸 하차 홈페이지 : www.ijinkan.net

모에기노야카타 萌黄の館

1903년에 건축가 알렉산더 한셀이 지은 바로크양식 목조 2층 주택이다. 미국 총영사 헌터가 살았던 그대로 거실, 서재, 침실을 복원하여 공개하였다. 벽난로, 계단, 베란다는 당시의 주거문화에서 엿볼 수 있는 호화로움이 폴폴 느껴진다. 외벽은 옅은 연두색으로 칠해져 '연두색의 집'이라는 명칭을 얻었으며, 2층에서 고베 시가지를 내려다볼 수 있다.

가는 방법 한큐센 산노미야역 동쪽 개찰구 키타노자카 출구에서 정면으로 도보 20분.
시간 09:00~18:00(12~3월은 09:30~17:00)
입장료 300엔, 카자미토리노야카타 공통권 500엔

키타노마치 광장 北野町広場

분수대, 화단과 함께 다양한 오브제가 설치되어 있는 원형극장 스타일이며, 주말에는 크고 작은 다양한 이벤트가 펼쳐진다. 플루트를 부는 소녀와 고양이 동상 옆에서 따스한 햇살을 받으며 한가롭게 수다를 떨기에도 좋다. 색소폰을 부는 아저씨 동상은 여행자들의 셔터스폿이다. 봄~가을에는 형형색색의 꽃과 풀이 심어져 바라보는 것만으로도 즐거움을 선사한다. 주말 점심시간대가 가장 붐비기 때문에 살짝 피해가는 것이 현명하다.

가는 방법 한큐센 산노미야역 동쪽 개찰구 키타노자카 출구에서 정면으로 도보

카자미토리노야카타 風見鳥の館

삼각형 지붕 위에 수탉을 상징하는 풍향계가 달려 있어 '풍향계의 집'이라 불리게 되었으며, 이진칸 중에서는 유일하게 벽돌로 지어진 건물이다. 1909년에 완성되어 무역업을 하던 독일사람 고트프리트 토마스의 집이었다.

가는 방법 : 한큐센 산노미야역 동쪽 개찰구 키타노자카 출구에서 정면으로 도보 20분.
시간 09:00~18:00   휴일 2월, 6월의 첫 번째 화요일   입장료 300엔, 풍향계의 집 공통권 500엔   홈페이지 www.kobe-kazamidori.com

키타노텐만 신사 北野天滿神社

후쿠오카에 있는 다자이후텐만구의 학문의 신인 스가와라노 미치자네를 모시는 곳이지만 신사는 교토에 있는 키타노텐만구를 모방하였다. 가파른 계단을 올라가면 풍향계의 집과 고베시가지를 내려다볼 수 있다. 짝사랑하는 사람이 있다면 이곳에서 판매하는 하트모양의 부적인 에마에 소원을 적으면 사랑이 이루어진다. 오늘의 점괘를 보는 오미쿠지는 종이를 물에 담가야만 점괘가 보인다.

가는 방법 한큐센 산노미야역 동쪽 개찰구 키타노자카 출구에서 정면으로 도보 20분 시간 : 일출~일몰

카오리노이에오란다칸 香りの家オランダ館

입구부터 은은한 향기가 손짓하는 1901년 완성된 네덜란드 총영사의 집이다. 안으로 들어가면 세상에서 오직 하나뿐인 나만의 향수를 만들어주는 향수코너가 메인이며, 네덜란드 나막신, 도자기 등도 판매한다. 향수는 9ml에 3255엔부터 제조해준다.

가는 방법 한큐센 산노미야역 동쪽 개찰구 키타노자카 출구에서 정면으로 도보 23분. JR 신고베역에서 도보 13분
시간 09:00~18:00(겨울은 17:00까지)
입장료 700엔, 중고생 500엔, 초등생 300엔 홈페이지 : www.orandakan.shop-site.jp

덴마크관 デンマーク館

명품 도자기 로열 코펜하겐. 바이킹 목선 모형, 인어공주 동상 등을 전시하여 덴마크의 문화를 소개하면서 특산품과 기념품을 판매한다. 여행자들에게는 덴마크관 입구에 있는 덴마크 전통의상 패널 기념사진 코너가 인기다.

가는 방법 한큐센 산노미야역 동쪽 개찰구 키타노자카 출구에서 정면으로 도보 24분
시간 09:00~18:00(겨울은 17:00까지)
입장료 500엔, 초등생 300엔
홈페이지 www.orandakan.shop-site.jp

빈 오스트리아의 집 ウィーンオストリアの家

모차르트 흉상, 모차르트가 사용하던 피아노 복제품, 모차르트가 살았던 18세기 생

활상을 중심으로 오스트리아 역사와 문화를 소개하는 작은 전시관이다. 기념품 코너에는 모차르트 초콜릿, 와인 등을 판매하며, 조각케이크와 차를 즐길 수 있는 테라스카페가 있다.

가는 방법 한큐센 산노미야역 동쪽 개찰구 키타노자카 출구에서 정면으로 도보 24분
시간 09:00~18:00(겨울은 17:00까지)
입장료 500엔, 초등생 300엔
홈페이지 www.orandakann.shop-site.jp

구 새슨 저택 旧サッスーン邸

1895년까지 이곳에 거주한 무역상이던 시리아 사람 데이비드 새슨의 이름이 그대로 사용되고 있는 주택이다. 주로 결혼식에 임대되기 때문에 일반 공개는 하지 않는다. 주말에는 정원에서 화려한 결혼식과 피로연이 진행되며, 현지에 살고 있는 선남선녀들은 이곳에서 결혼식을 올리고 싶어 하는 기타노이지칸의 대표적인 명소이다.

가는 방법 한큐센 산노미야역 동쪽 개찰구 키타노자카 출구에서 정면으로 도보 21분. JR 신고베역에서 도보 10분

야마테하치반칸 山手八番館

16세기에 영국을 중심으로 유럽에서 유행했던 튜더 양식으로 지어졌으며, 독일식 스테인드글라스 현관도 독특하다. 입구 양쪽에 세워진 나라의 코호쿠지에 있는 악귀상을 부분적으로 본떠 만든 등롱이 특이하다. 안으로 들어가면 근대 조각 및 간다라 예술을 전시하는 작은 미술관이 있다.

가는 방법 한큐센 산노미야역 동쪽 개찰구 키타노자카 출구에서 정면으로 도보 25분. JR 신고베역에서 도보 15분
시간 09:00~18:00(겨울은 17:00까지)
입장료 500엔, 초등생 이하 200엔

우로코노이에 うろこの家

천연석으로 마감한 외벽이 마치 물고기의 비늘처럼 보인다고 하여 '비늘의 집'으로 불린다. 두 개의 둥근 탑이 특징인 건물은 1905년부터 외국인 전용 임대주택이었으며, 고베 이진칸 중에서는 내 외부 모두 보존상태가 가장 좋은 주택이다. 내부는 19세기에 제작된 도자기 및 근대 작가의 회화를 관람할 수 있는 미술관이며, 미술관 3층에서는 고베 시가지가 한눈에 들어온다. 코를 만지면 행운이 온다는 멧돼지 동상이 정원에 있다.

가는 방법 한큐센 산노미야역 동쪽 개찰구 키타노자카 출구에서 정면으로 도보 25분. JR 신고베역에서 도보 15분
시간 09:00~18:00(겨울은 17:00까지) **입장료** 1000엔, 초등생 이하 300엔

키타노 외국인 클럽 北野外国人倶楽部

고베항을 개항할 당시에 회원제로 운영하던 클럽하우스를 재현한 건물이다. 본래는 20세기 초에 포르투갈 풍의 콜로니얼 양식으로 지은 라이온 하우스 3호관이었다. 내부는 거실, 침실, 주방을 재현하였고, 부르봉 빅토리아 가구와 커다란 벽난로 등이 있다. 정원에는 1890년경에 프랑스 노르망디의 영주가 사용하던 마차가 있다.

가는 방법 한큐센 산노미야역 동쪽 개찰구 키타노자카 출구에서 정면으로 도보 25분. JR 신고베역에서 도보 15분
시간 09:00~18:00(겨울은 17:00까지) **입장료** 500엔, 초등생 이하 200엔

이탈리아관 イタリア館

주로 이탈리아에서 제작한 인테리어 소품 및 가구 등을 전시하는 미술관이며, 1910년경에 완성된 건물이다. 예술품 관람도 즐겁지만 미술관 카페에서 잠시 여정을 쉬면서 차를 마시는 여유로움을 만끽해보자.

가는 방법 한큐센 산노미야역 동쪽 개찰구 키타노자카 출구에서 정면으로 도보 25분. JR 신고베역에서 도보 12분
시간 09:00~17:30 **입장료** 700엔, 초등생 이하 200엔

구 중국 영사관 旧中国領事館

유럽과 중국적 건축 양식이 믹스된 건물은 1940년에 중국 영사관으로 사용되었다. 안으로 들어가면 명나라 청나라시대의 가구와 수묵화 등의 미술품을 감상할 수 있다. 1920년경에 화교상인의 저택으로 지은 건물이다.

가는 방법 한큐센 산노미야역 동쪽 개찰구 키타노자카 출구에서 정면으로 도보 25분. JR 신고베역에서 도보 14분
시간 09:00~18:00(겨울은 17:00까지) **입장료** 700엔, 초등생 이하 200엔

영국관 英国館

1907년에 포르투갈 풍의 콜로니얼 양식으로 건축하였고, 내부는 영국의 바로크 빅토리아 가구를 배치하였다. 2층의 셜록 홈즈 방에서는 셜록 홈즈의 모자와 망토를 입고 사진촬영을 할 수 있다. 안쪽 정원에는 은행나무가 있는데 일명 '고백의 나무'로 불린다. 이곳에서 사랑을 고백하면 사랑이 이루어진다고 하여 아베크 여행자들에게 인기다. 밤이 되면 1층 일부는 술잔을 기울일 수 있는 카페로 변한다.

가는 방법 한큐센 산노미야역 동쪽 개찰구 키타노자카 출구에서 정면으로 도보 17분. JR 신고베역에서 도보 12분 시간 09:00~18:00(겨울은 17:00까지), 바는 17:00~23:00 입장료 700엔

프랑스관 仏蘭西館

목조건물 두 개가 좌우대칭으로 이어진 1908년 완성된 외국인 아파트 건물이다. 본래는 항구 인근의 외국인 거류지에 있었으나 지금의 자리로 옮겨졌다. 안으로 들어가면 아르누보 가구, 유리공예를 전시하는 작은 미술관이다.

가는 방법 한큐센 산노미야역 동쪽 개찰구 키타노자카 출구에서 정면으로 도보 18분. JR 신고베역에서 도보 11분
시간 09:00~18:00(겨울은 17:00까지) **입장료** 500엔, 초등생 이하 200엔

벤의 집 ベンの家

1903년에 완성한 영국인 벤 앨리슨의 집이었으며, 그가 전 세계를 여행하면서 사냥하거나 수집한 동물박제를 전시한다.

가는 방법 한큐 산노미야역 동쪽 개찰구 키타노자카 출구에서 정면으로 도보 19분. JR 신고베역에서 도보 10분
시간 09:00~18:00(겨울은 17:00까지) **입장료** 500엔, 초등생 이하 200엔

라인노야카타 ラインの館

1915년 프랑스인 드레웰 부인이 목조 2층으로 지은 주택이며, 이후에 대부분 독일인이 거주하였다. '라인의 집'이란 명칭은 벽면에 덧대어진 판자의 가로줄에서 비롯된 것으로 특별한 의미는 없다. 1층은 전시실과 갤러리 숍이 있고, 2층은 이진칸 일대의 역사와 1995년에 발생했던 한신 대지진을 다루는 전시물이 있다.

가는 방법 한큐센 산노미야역 동쪽 개찰구 키타노자카 출구에서 정면으로 도보 18분. JR 신고베역에서 도보 11분
시간 09:00~18:00 **휴일** 2월, 6월의 세 번째 목요일
입장료 500엔, 초등생 이하 200엔 **홈페이지** www.kobe-kazamidori.com

고베 키타노 미술관 神戸北野美術館

일본이 패전한 후로 33년간 미국 영사관 관저로 사용되었던 건물이며, 1898년에 지어졌다. 지금은 수채화 일러스트 작가 나가타 모에의 작품 50여 점을 상설 전시

하는 미술관, 갤러리 숍이 있다.

가는 방법 한큐센 산노미야역 동쪽 개찰구 키타노자카 출구에서 정면으로 도보 18분. JR 신고베역에서 도보 11분
시간 09:30~17:30 **휴일** 매월 세 번째 화요일, 8월과 12월 마지막 화요일 **입장료** 500엔, 중고생 300엔

구 파나마 영사관 旧パナマ領事館

한때는 파나마 영사관으로 사용되었던 2층 건물이다. 안으로 들어가면 집무실, 서재, 식당, 침실이 그대로 배치되어 작은 박물관으로 사용되고 있다.

가는 방법 한큐센 산노미야역 동쪽 개찰구 키타노자카 출구에서 정면으로 도보 17분. JR 신고베역에서 도보 12분
시간 09:00~18:00(겨울은 17:00까지) **입장료** 500엔, 초등생 이하 200엔

토어로드 타루코야 トアロード TARUKOYA

한큐 산노미야역에서 키타노로 향하는 800여 미터의 언덕길은 쇼핑거리인 토어로드다. 토어로드 중간 정도에 대한민국 총영사관이 있으며, 이슬람 성전 모스크도 보인다.

타코루야는 원두커피 전문점이다. 작은 매장이지만 로스팅만 30년이 넘는 장인이 운영하기 때문에 커피마니아들에게는 아주 많이 유명한 집이다. 원산지가 다른 커피 10종 이상과 블랜딩한 커피 10여 종이 있으며, 판매는 100g에 470엔부터 있다. 커피를 좋아한다면 잠시 들려봄직하다.

가는 방법 한큐센 산노미야역 서쪽 개찰구로 나가 정면으로 300여 m(약 5분)를 걸으면 토어로드다. 그곳에서 오른쪽으로 방향을 잡아 낮은 언덕을 100여 m 오르면 오른쪽으로 보인다 시간 11:00~20:00
홈페이지 토어로드 www.torroad.com
타루코야 www.tarukoya.jp

고베 시청 전망대 神戸市役所展望台

고베 시청 1호관 24층은 무료 전망대다. 낮에 가는 것도 좋지만 역시 항구 방향으로 메리켄 파크 일대가 반짝거리는 야경을 감상하는 것이 백미다. 작은 휴게실에는 세계 여러 나라의 자매도시에서 보내온 토산품이 전시되어 있다.

가는 방법 한큐센 산노미야역 동쪽 개찰구의 츄오쿠야큐쇼 출구로 나가 오른쪽으로 도보 10분. 시티루프버스 시야쿠쇼마에 하차
시간 08:15~21:00(토요일 10:00~22:00, 공휴일 10:00~21:00)
휴일 12/29~1/3

효고 현립 미술관 兵庫県立美術館

일본이 자랑하는 세계적인 건축가 안도 타다오가 설계한 미술관으로, 입구로 이어지

는 나선형 계단은 빼놓을 수 없는 부분이다. 또한 각 층마다 전망테라스가 설치되어 개방적이며 편안한 느낌이다. 전시공간을 제외하고 갤러리 숍, 카페, 레스토랑 등 모든 공간이 무료로 개방되어 있어 미술품 관람이 아니더라도 즐길거리는 많다.

8천 점이 넘는 일본과 유럽의 회화, 판화, 조각품을 소장하고 있어 수시로 작품을 교체하여 상설 전시하므로 홈페이지를 통해 정보를 확인하고 이용하자.

가는 방법 한신센 이와야역 하차. 개찰구를 나가 정면으로 보이는 5거리 교차로 왼쪽으로 도보 8분
시간 10:00~18:00 **휴일** 월요일, 12/31~1/1
입장료 500엔, 대학생 400엔, 고등생 이하 250엔 **홈페이지** www.artm.pref.hyogo.jp

베이에어리어
ベイエリア

19세기 말~20세기 초반에 조성된 외국인 거류지 인근에는 차이나타운인 난킨마치가 있어 광둥요리, 사천요리 등 점심을 먹기에 좋고, 오사카에서 미처 쇼핑을 하지 못하였다면 모토마치 상점가 또는 모자이크에서 쇼핑을 즐기는 것도 좋다. 연인과 함께 해안공원을 걷고 싶다면 고베 포트 타워를 중심으로 메리켄 파크 또는 고베 하버 랜드에서 시간을 보내는 것도 나쁘지 않다. 쇼핑을 포함하여 반나절은 필요하다.

가는 방법 한큐센 또는 한신센 코소쿠고베역, 한신센 모토마치역, JR 모토마치역 또는 고베역, 지하철 카이간센 큐쿄류치 다이마루마에역, 미나토모토마치역, 하바란도역 하차

메디테라스 メヂィテラス

프랑스를 대표하는 몽환적인 제국의 항구도시 마르세이유에 있는 아파트를 모티브로 꾸민 패션 전문 쇼핑몰이다. 밤이 되면 조명을 받아 파스텔톤의 외관이 이국적인 분위기를 연출한다. 주로 20~30대를 타깃으로 지하 1층에서 3층까지 캐주얼이 중심이며, 4층에 이탈리안 레스토랑 카페 마두가 있다.

가는 방법 JR 모토마치역(또는 한신 모토마치역) 동쪽 출구 모토마치 상점가 방향으로 나가 왼쪽으로 도보 4분. 한큐 산노미야역 서쪽 출구로 나가 고가철교를 오른쪽으로 끼고 정면으로 도보 6분
시간 11:00~21:00, 레스토랑 11:00~22:00 홈페이지 mediterrasse.jp

모토마치 상점가 元町商店街

고베에서 제일 규모가 큰 쇼핑 아케이드로 전체 길이가 약 1.2km에 이른다. 그러나 앞부분 500여 m 구간만 활발하게 움직이는 쇼핑몰이 집중되어 있고, 안으로 들어갈수록 골동품과 같은 상점이 중심이다. 고급브랜드 매장은 거의 없지만 구경삼아 천천히 걷기에 좋은 곳이며, 착한 가격대의 생활 잡화는 이곳에서 구입하는 것도 나쁘지 않다.

가는 방법 JR 모토마치역(또는 한신 모토마치) 동쪽 출구 모토마치 상점가 방향으로 나가 정면 큰 도로를 건너 직진 2분. 지하철 카이간센 큐쿄류치 다이마루마에역 1번 출구로 나가 왼쪽 뒤로 1분 **시간** 10:00~20:00(점포에 따라 다르다) **홈페이지** www.kobe-motomachi.or.jp

난킨마치 南京町

1868년 고베항이 개항되면서 형성된 간사이 최대 규모의 차이나타운이다. 당시에 중국과 일본은 수호조약을 체결하지 않아 중국인들이 임시 거류지인 난킨마치에 모여 살면서 지금의 모습을 만들었다. 차이나타운 안으로 들어가면 만두, 튀김과 같은 로드메뉴를 비롯하여 우리 입맛에 맞는 광동요리, 향신료가 강한 사천요리 전문점 등, 중국식 상점이 즐비하게 들어서 있다. 아직 식사를 하지 않았다면 이곳에서 칼칼한 사천탕면을 먹는 것은 어떨까.

가는 방법 JR 모토마치역(또는 한신 모토마치역) 동쪽 출구 모토마치 상점가 방향으로 나가 정면 큰 도로를 건너 직진 3분. 지하철 카이간센 큐쿄류치 다이마루마에역 1번 출구로 나가 왼쪽 뒤로 1분. 시티루프버스는 모토마치쇼텐가이 또는 난킨마치 정류장 하차 **시간** 10:00~20:00(점포에 따라 다르다)

구 거류지 旧居留地

1868년부터 30년간 서구 열강들이 서양식 석조건물을 지으면서 고베항의 상권을 장악하려고 치열한 경쟁을 하면서 생겨난 거리다. 1980년대까지는 관광객들이 가지 않는 오피스 타운이었으나 도심 재정비 사업 이후에 루이비통, 프라다, 디올 등의 세계적인 최고급 브랜드 매장이 들어서면서 활기를 되찾았다. 해가 지고 육중한 석조건물에 조명이 켜지면 연인과 함께 데이트를 즐기며 걷기에 좋은 곳이다.

가는 방법 JR 모토마치역(또는 한신센 모토마치역) 동쪽 출구 모토마치 상점가 방향으로 나가 정면 큰 도로를 건너 직진 5분. 지하철 카이간센 큐큐류치 다이마루마에역 1번 출구로 나가 정면으로 도보 3분. 시티루프버스는 큐쿄류치 정류장 하차
시간 10:00~20:00(점포에 따라 다르다) **홈페이지** www.kobe-kyoryuchi.com

고베 포트 타워 神戸ポートタワー

108m 높이에 불과하지만 주변에 건물이 없어 존재감이 확실히 드러나는 고베 포트 타워는 빨간 파이프가 마치 횃불과 같은 모양이다. 전망대에서는 360도 모든 방향으로 내려다볼 수 있으며, 특히 야경을 감상하기에 최고로 좋은 스폿이다. 전망대는 5층에 최상층 전망대가 있고, 4층은 전망대 및 기념품점, 3층에는 20분에 1회전하는 회전카페가 있다.

가는 방법 JR 모토마치역(또는 한신 모토마치역) 서쪽 출구에서 도보 16분. 시티루프버스는 나카돗테 정류장 하차
시간 09:00~21:00(12~2월은 19:00까지)
입장료 600엔, 중학생 이하 300엔
홈페이지 www.kobe-meriken.or.jp/port-tower

유람선 遊覽船

카모메리아 나카돗테 중앙터미널에서는 다양한 코스의 유람선이 출항한다. 코스, 요금, 소요시간은 운행하는 선사에 따라 다르다. 선착장에 요금과 출항시간이 적혀 있지만 보통은 60분 정도 선상 유람을 즐길 수 있다.

가는 방법 JR 모토마치역(또는 한신센 모토마치역) 서쪽 출구에서 도보 18분. 시티루프버스는 나카돗테 정류장 하차 도보 3분 시간 10:00~17:00 요금 1000엔~

스프래시 고베 スプラッシュ神戸

고베 시가지를 일주하는 수륙양용 투어버스다. 고베 포트 타워 앞에서 출발하여 구 거류지, 산노미야, 키타노, 난킨마치, 고베 하버 랜드를 달린 다음에 마지막으로 바다를 둥둥 떠다니며 약 20분간 항해한다. 전체 여정

은 80분이 소요되며, 고베의 주요 관광지를 모두 둘러볼 수 있으므로 투어요금이 문제가 아니라면 추천하는 여행 아이템이다.

가는 방법 JR 모토마치역(또는 한신 모토마치역) 서쪽 출구에서 도보 17분. 시티루프버스는 나카돗테 정류장 하차
시간 10:00~16:00(1/3~1/31은15:00까지이며 약 2시간 간격으로 운행)
휴일 12/29~1/2 요금 3,000엔, 초등생 이하 2,000엔 홈페이지 www.splash-kobe.jp

고베 하버 랜드 神戸ハーバーランド

20세기 초에는 물류창고가 가득한 부두에 불과 했지만 신흥 부도심 재정비 사업 이후에 백화점을 비롯하여 대형 쇼핑몰, 호텔이 들어선 번화가로 변신하여 현지인은 물론이고 관광객들도 많이 찾는 스폿이 되었다. 유람선 선착장과 모자이크 가든 사이를 연결하는 구름다리는 사진 마니아들의 셔터스폿이므로 만사 제쳐두고 사진 먼저 찍자.

가는 방법 JR 고베역 중앙 출구 도보 3분. 사철 한큐 또는 한신센 코소쿠고베역 동쪽 출구에서 왼쪽 지하도를 따라 도보 10분

모자이크 가든 モザイクガーデン

유럽의 거리를 테마로 2층에 의류와 잡화를 취급하는 쇼핑몰, 1층과 3층에 90여 개의 레스토랑이 밀집한 모자이크 쇼핑센터와 연결된 작은 유원지다. 멀리서도 보이는 대관람차를 비롯하여 16개의 놀이기구가 있다. 특히 관람차는 한 바퀴 도는데 15분 정도에 불과하지만 아름다운 고베 야경을 감상하기에 좋다. 그 밖의 놀이기구는 아동 취향에 가깝다.

가는 방법 JR 고베역 중앙 출구 도보 12분. 사철 한큐 또는 한신 센 코소쿠고베역 동쪽 출구에서 왼쪽 지하도를 따라 도보 17분
시간 11:00~22:00 **요금** 대관람차 700엔
홈페이지 www.kobe-mosaic.co.jp

고베 루미나리에 神戸ルミナリエ

1995년부터 시작된 고베 루미나리에는 12월초부터 약 2주일간 진행되는, 일본 전국에서도 알아주는 '빛의 축제'다. 본래는 한신 대지진으로 희생된 사람들을 추모하기 위하여 시작되었으며, 고베 시립 박물관 근처에서 시작하여 약 400m 거리에 20만 개의 전구가 장식된다. 연간 루미나리에를 감상하기 위해 고베를 찾는 관람객만 300만 명이 넘는 화려한 축제마당이다. 행사 일정은 매년 조금씩 변경되니 홈페이지를 참조하자.

가는 방법 JR 모토마치역(또는 한신 모토마치역) 동쪽 출구 모토마치 상점가 방면으로 나가 정면으로 도보 12분. 시티루프버스 큐쿄류치 정류장 하차 도보 1분 **홈페이지** www.kobe-luminarie.jp

철인 28호 鐵人28號

지금은 고인이 된 만화가 요코야마 미츠테루의 작품〈철인 28호〉를 기억하는 사람들이 많을 것이다. 고베 와카마츠 공원에 설치된 18m 높이에 무게 50톤에 이르는 실물 크기의 거대한 철인28호 모형은 만화 마니아에게 추천하는 스폿이다. 정면에서 사진을 찍고 싶다면 점심 이후로는 역광이니 서둘러 다녀오는 것이 좋다. 공원 주변에 있는 가로등도 철인 28호 두상으로 만들어졌다.

가는 방법 지하철 세이신 야마테센 신나가타쵸역에서 도보 4분. 지하철 카이간센 신나가타쵸역 1번 출구에서 정면 첫 번째 골목 오른쪽으로 도보 2분. Joy Plaza, 다이마루 광장에 있음 **홈페이지** www.kobe-tetsujin.com

아리마온센
有馬溫泉

간사이에서 가장 유명한 아리마온센은 약 1300년 전에 온천수를 이용하여 사찰 승방에서 사람들의 병을 치료하면서 유명해지기 시작하였다. 또한 조선 침략을 명하였던 토요토미 히데요시는 자신의 신병 치료를 위해 전용 온천탕을 만들었을 정도로 물이 좋다. 온천마을은 20세기 초반의 풍경을 최대한 재현하여 보존하고 있기 때문에 수수한 편이고, 식당이 많지 않기 때문에 고베에서 식사를 하고 들어가거나 도시락을 준비하는 것이 유리하다. 숙박을 목적으로 하지 않는다면 대중탕인 킨노유 또는 긴노유를 이용하고, 온천욕 후에는 아리마 특산인 탄산사이다를 마셔보자. 대중탕 공통권은 킨노유, 긴노유 공통권(850엔), 킨노유, 긴노유, 타이코노유 공통권

(1000엔)이 있다. 코키, 네기야료후카쿠, 아리마교엔 온천여관에 숙박하지 않는 사람이 온천시설만 이용할 경우는 1000엔이다. 그 밖에도 1300~2400엔의 이용료를 내면 호텔 목욕탕도 이용할 수 있다.

가는 방법 한큐센 또는 한신센을 타고 신카이치까지 가서 고베 전철 신카이치역 1번 또는 2번 홈에서 산다 또는 아리마구치행 전철로 갈아타야 함. 아리마구치역에서 하차하여 다시 4번 홈에서 아리마온센행 보통으로 갈아타고 한 정거장을 가면 종점 아리마온센역이다. 신카이치역은 플랫홈이 한 곳이므로 고베 전철 방면 표지판을 따라 가면 된다. 간사이 스루 패스 사용 가능함.
노선버스는 JR 산노미야역 앞 터미널에서 09:00~18:45 사이에 아리마온센행 버스(한큐버스 또는 신키버스)가 1일 12회 왕복한다.

아리마 강 有馬川

뿜어져 나오는 온천수를 그대로 강물에 흘려보내기 때문에 겨울에는 김이 모락모락 피어오른다. 강을 따라 조성된 산책로에는 벚나무가 심어져 봄에는 아름다운 벚꽃이 흩날린다. 다리 아래에는 표주박 모양의 연못이 있으며, 분수대 옆에는 이곳을 찾았던 토요토미 히데요시와 그의 부인 네네의 동상이 있다.

가는 방법 아리마온센역 정면 오른쪽 도보 1분

아리마 완구 박물관 有馬玩具博物館

전시실은 3~6층으로, 3층에는 '브리키 장난감'으로 불리는 일본식 양철 장난감과 독일에서 만든 철도 모형을 전시하고 있다. 4층에는 영국에서 제작한 기계장치 장난감, 5층에는 유럽에서 모은 어린이용 장난감, 6층에는 독일의 수제 장난감과 정교한 미니어처가 있다. 1층은 장난감 공방 겸 갤러리 숍을 운영하고, 2층은 식당이다.

가는 방법 아리마온센역을 나가 오른쪽으로 도보 8분 **시간** 09:30~18:00 **휴일** 매월 둘째, 셋째 화요일
입장료 800엔, 초등생 이하 500엔
홈페이지 www.arima-toys.jp

킨노유 온천 金の湯

입구에 마시는 온천수와 무료 족욕 시설이 있어 주말에는 항상 많은 사람들로 붐비는 집이다. 비록 작은 동네 목욕탕 규모에 불과하지만 신경통, 소화불량, 피부병,

부인병에 효염이 있는 오랜 전통을 자랑하는 대중탕이다.

가는 방법 아리마온센역을 나가 오른쪽으로 도보 8분. 유모토자가에 있음.
시간 08:00~22:00 **휴일** 매월 둘째, 넷째 화요일. 1월 1일 **입장료** 650엔, 6~11세 340엔, 5세 이하 140엔

텐진 원천 天神泉源

섭씨 98도나 되는 원천은 지하 200여 m 아래에서 뿜어져 나온다. 텐진 원천 안쪽으로는 후쿠오카 다자이후텐마구의 학문의 신인 스가와라노 미치자네를 모시는 텐진 신사가 있으며, 원천의 이름은 신사에서 유래된 것이다. 이곳에 있는 소의 석상 머리를 쓰다듬으면 학업성취 또는 합격의 행운이 온다 하여 입시철에는 신사를 찾는 학부모들이 많은 편이다.

가는 방법 아리마온센역을 나가 오른쪽으로 도보 12분. 유모토자가 안쪽 작은 표지판을 따라 골목길로 들어감.

긴노유 온천 銀の湯

온천마을의 대중탕치고는 천정이 높고, 사우나 시설도 갖춘 현대적인 곳이다. 욕조는 토요토미 히데요시가 애용했던 바위온천을 모티브로 디자인하였다. 긴노유 온

천은 투명한 긴센 온천수에 라듐 온천수를 섞어서 공급하기 때문에 근육통, 신경통, 오십견, 피로회복, 피부병, 관절통, 냉증에 효능이 있다.

가는 방법 아리마온센역을 나가 오른쪽으로 도보 15분. 길이 복잡하니 역에서 지도를 받아서 갈 것
시간 09:00~21:00 **휴일** 매월 첫째, 셋째 화요일, 1월 1일 **입장료** 550엔, 6~11세 290엔, 5세 이하 120엔

탄산 원천 炭酸泉源

지하 13m 부근에서 섭씨 18.6도의 탄산을 함유한 원천이 나온다. 1874년 발견 당시에는 탄산을 독으로 착각하여 접근하는 것을 꺼렸으나, 이후에 설탕을 넣어 사이다처럼 마시면서 아리마 사이다의 원조가 되었다. 원천 옆에서 탄산수를 직접 마실 수 있는데 철분이 많이 함유되어 비린 맛이 난다. 탄산사이다(250엔)는 톡 쏘는 강한 맛이 특징이다.

히메지
姫路

역사적으로는 도요토미 히데요시 가문이 통치하던 성을 도쿠가와 이에야스의 가신 이케다 테루마사가 도요토미 가문을 몰아내고 도쿠가와로부터 하사받아 통치한 곳이다.

현지인들이 히메지를 찾아가는 이유는 히메지 성을 보기 위함이다. 짧은 휴가를 사용하여 여행하는 입장에서는 오사카 성을 보았으면 충분하다고 생각할 수 있겠지만, 히메지 성 만큼은 오사카 성과는 비교할 수 없는 위치에 있다. 일본 최초로 유네스코 세계문화유산으로 등재된 성이기 때문. 그 덕분에 히메지는 전 세계 여행자들이 찾아가는 관광명소가 되었다.

히메지는 JR 오사카역에서 신칸센을 타면 불과 30분이면 도착할 수 있어 반나절 여정으로 충분히 다녀올 수 있다. 간사이 여행에서 유일하게 신칸센을 타볼 수 있는 매력적인 구간이다.

가는 방법 신칸센을 이용하면 JR 고베역에서 17분(3340엔), JR 오사카에서 30분(3840엔), JR 교토에서 55분(5330엔)이면 도착한다. 고베에서는 JR 산노미야역에서 신쾌속으로 39분(950엔), 한신센 산노미야역에서 직통쾌속으로 65분(940엔)이 소요된다.

히메지 성 姬路城

현재 일본에는 히메지 성, 마쓰모토 성, 이누야마 성, 히코네 성이 국보로 지정되어 있다. 그중 도쿠가와 이에야스의 사위인 이케다 테루마사가 1609년에 완성한 히메지 성만이 일본에서는 최초로 나라의 호류지와 함께 유네스코 세계문화유산으로 등재되었다. 세계유산으로 등록될 당시 "목조 건축으로 미적 완성도가 매우 높아 세계적으로도 유사성이 없는 우수한 것이며, 17세기 초에 지어졌음에도 보존상태가 양호한 독특한 일본 성곽 구조다"라는 평가를 받았다. 이처럼 400년의 역사를 거치면서 거의 훼손되지 않은 이유는 한 번도 전쟁에 휘말리지 않았기 때문이다. 성에 상주하는 무사는 시대에 따라 다르지만 적게는 500명, 많게는 4000명으로, 요새로서의 기능성도 최상으로 갖춰진 것으로 평가된다.

가는 방법 JR 히메지역 중앙 출구로 나가 오른쪽으로 도보 21분. 또는 산요 히메지역을 나가 왼쪽으로 도보 21분
시간 5~8월은 09:00~17:00, 9~4월은 09:00~16:00 **휴일** 12월 29~31일
입장료 60엔, 15세 미만 200엔 **홈페이지** www.city.himeji.lg.jp/guide/castle

✽ 히시노몬 菱の門

히메지 성안에 있는 21개의 문 중에서 가장 크며, 정문인 오테구치를 방어하는 역할을 한다. 성문 바로 위에 있는 종 모양의 카토마도 장식이 독특하다.

✽ 니시노마루 西の丸

히메시 성 별저와 외성을 연결하기 위하여 만든 약 300m에 이르는 회랑이다. 회랑 곳곳에는 화장실과 부엌을 갖춘 작은 방이 있어 시녀들이 기숙하였다. 또한 밖으로 향하는 창으로 유사시에 활을 쏘거나 기름을 부어 외적의 침입을 방어하는 홈을 설치하였다.

✽ 케쇼야구라 化粧櫓

도쿠가와 이에야스의 손녀이자 성주 혼다 타다토키의 부인인 센히메가 사용하던 휴게실로, 니시노마루 북쪽 끝에 자리 잡고 있다. 안에는 시녀와 함께 전통놀이를 즐기는 모습을 재현해 놓았다.

✽ 텐슈카쿠 天守閣

지하 1층, 지상 6층으로 구성된 히메지 성의 핵심으로 1581년에 도요토미 히데요시가 세운 것을 이케다 테루마사가 증축하여 지금의 모습을 갖추었다. 안으로 들어가면 지름 1m의 나무 기둥 2개가 건물 전체를 받치고 있다. 성을 소개하는 역사,

문서, 갑옷, 조총 등이 전시되어 있으며, 계단을 따라 꼭대기까지 오르면 히메지 시가지가 한눈에 들어온다.

효고현립역사박물관 兵庫県立歷史博物館

일본이 자랑하는 세계적인 건축가 단게 겐조가 설계한 박물관이다. 주로 원시 석기시대부터 현대까지 히메지의 역사를 설명하는 형식이다. 옛 민가를 재현한 역사 공방(1층), 히메지 성을 축소한 모형코너(2층)가 있으며, 하루에 3회(10:30, 13:30, 15:30) 갑옷과 기모노를 입고 사진촬영을 할 수 있다.

가는 방법 JR 히메지역 중앙 출구로 나가 오른쪽으로 도보 32분. 또는 산요 히메지역을 나가 왼쪽으로 도보 30분
시간 10:00~17:00 휴일 월요일, 12/29~1/3 입장료 200엔, 대학생 150엔, 고등학생 100엔, 중학생 이하 무료
홈페이지 www.hyogo-c.ed.jp/~rekihaku-bo

히메지시립미술관 姬路市立美術館

1905~1913년 사이에 일본 육군의 병기고로 사용되었던 건물을 리모델링하여 미술관으로 만들었다. 주로 효고현 출신 화가들의 작품을 상설 전시하며, 클로드 모네와 같은 세계적인 작품도 기획 전시한다. 연병장이었던 박물관 정원은 무척 넓고, 다양한 조각 작품이 설치되어 굳이 미술관으로 들어갈 필요성을 느끼지 못할 수 있다. 박물관 전시실을 제외한 모든 공간은 무료로 이용할 수 있다.

가는 방법 JR 히메지역 중앙 출구로 나가 오른쪽으로 도보 30분. 또는 산요 히메지역을 나가 왼쪽으로 도보 28분
시간 10:00~17:00 휴일 월요일, 공휴일인 경우는 다음날, 12/25~1/5
입장료 200엔, 대학생/고등학생 150엔, 중학생 이하 100엔 홈페이지 www.city.himeji.lg.jp/art

히메지 문학관 姬路文学館

문학관 소장품보다는 세계적인 건축가 안도 타다오가 설계한 문학관 건물을 보려는 사람들이 많이 찾는 곳이다. 정원에는 히메지를 한눈에 내려다 볼 수 있는 공중 테라스, 아름다운 연못, 20세기초반의 전통가옥 '보케이테이'가 있다. 주로 효고

현 출신 작가들의 문학 작품을 상설 전시한다. 전시실을 제외한 모든 공간은 무료로 이용할 수 있다.

가는 방법 JR 히메지역 중앙 출구로 나가 오른쪽으로 도보 37분. 또는 산요 히메지역을 나가 왼쪽으로 도보 35분
시간 10:00~17:00
휴일 월요일, 공휴일인 경우는 다음날, 12/25~1/5일
입장료 300엔, 대학생/고등학생 200엔, 중학생 이하 100엔
홈페이지 www.city.himeji.lg.jp/bungaku

천 년의 역사 속 시간 여행

교토 京都

짧은 주말이나 휴일을 이용해 간사이를 여행하려는 사람이라면 교토에만 3~4일씩 머물기는 현실적으로 어렵다. 그렇기 때문에 여행자들 대부분은 오사카 위주로 여행하면서 하루 또는 1박 2일 정도로 교토 일정을 꾸린다.

교토는 794년부터 1868년까지 일본의 정치, 문화를 대표하는 수도였으며, 일본을 대표하는 천년 고도의 흔적이 고스란히 남아 있는 세계적인 관광지다. 유네스코에서 인정한 세계문화유산이 17곳이며, 그밖에도 헤아릴 수 없을 정도로 많은 문화재를 시가지 곳곳에서 찾아볼 수 있기 때문에 여행을 떠나기 전에 일정에 맞는 볼거리를 미리 정해야만 하는 곳이다. 초보 여행자가 하루에 둘러볼 수 있는 여정으로는 세계문화유산으로 지정된 니죠죠, 킨카쿠지, 료안지, 기요미즈데라, 긴카쿠지 정도면 빠듯하다.

교토역에 도착하여 제일 먼저 해야 할 일은 교토역 2층에 있는 '여행안내센터'를 찾아가 한글로 된 최신 지도와 버스노선도를 구하는 일이다. 그리고 교토는 지하철보다는 시내버스를 이용하는 것이 편리하므로 '1일 승차권'을 구입하여 교토역 광장에 있는 버스승차장에서 원하는 곳으로 가는 버스를 타면 된다.

가는 방법 간사이국제공항에서는 JR 특급 하루카(75분 소요) 또는 쾌속(110분 소요), 리무진버스(90분소요)를 이용하면 편리하게 교토에 도착하며, 사철은 난카이센과 한큐센 또는 난카이센과 게이한센을 병용하여야 한다. 초보 여행자에게는 JR 특급 또는 리무진을 적극 추천하며, 사철 이용은 바람직하지 않다.
오사카에서는 한큐센, 게이한센, JR을 이용하고, JR의 경우는 오사카역에서 쾌속으로 30분이면 도착한다.
나라에서는 긴데츠센과 JR이 있다. JR의 경우는 나라역에서 쾌속으로 45분이면 도착한다.
간사이 스루 패스를 소지하고 있다면 교토 시내에서는 지하철, 버스 등 모든 노선을 이용할 수 있지만, 없을 경우는 '시 버스 전용 1일 승차권(500엔)'을 구입하여 3회 이상 승차하면 본전을 뽑는다. 또한 '교토 관광 1일 승차권(1200엔)'은 교토 내 지하철, 버스 등 모든 노선을 이용할 수 있어 편리하다. '교토 관광 2일 승차권(2000엔)'도 있다.

교토역 인근
京都駅

간사이 관광지인 오사카, 나라를 비롯하여 도쿄, 하카타 등 일본 전역으로 연결되는 JR 교토역 주변에는 현대적인 건물에 쇼핑몰, 호텔 등이 밀집되어 있다. 그러나 역에서 20분 정도만 걸으면 유네스코 세계문화유산에 등재된 니시혼간지, 토지를 비롯하여 JR 전철로 이동하는 뵤도인, 토후쿠지를 여행할 수 있다.

JR 교토역 京都駅

1997년에 헤이안 천도 1200년을 기념하여 지하 3층~지상 16층 건물로 완성되었다. 건축가 하라 히로시의 작품으로 약 4천장의 유리로 뒤덮은 외벽은 교토의 경관을 해치지 않도록 조화롭게 설계되었다는 평가다. 1층에 JR 교토역이 있고, 지하 1층은 130여 개의 숍, 카페, 레스토랑이 몰려있는 교토 서부지역 최대의 쇼핑몰인 포르타가 있어 오사카에서 쇼핑을 하지 못한 여행자는 이곳에서 선물을 찾는 것이 좋다. 2층에 여행자들의 길잡이가 되어 주는 '여행안내센터'가 있으며, 이세탄백화점, 전문식당가, 호텔 그랑비아 등도 있다.

홈페이지 www.kyoto-station-building.co.jp

교토 데즈카 오사무 월드 京都 手塚治虫ワールド

고인이 된 〈아톰〉의 원작자 데즈카 오사무의 애니메이션을 상영하는 소극장이다. 입구에 리본의 기사, 아톰, 블랙잭 등 우리에게 익숙한 캐릭터가 있으므로 기념촬영에 적당하고, 입구 옆에 캐릭터 숍도 운영한다. 데즈카 오사무의 팬이라면 오사카에 있는 '데즈카 오사무 기념관'에 들러 어릴적 추억에 빠져보는 것도 좋다.

가는 방법 JR 교토역 2층 그랑비아 호텔 쪽 건물에 있다.
시간 10:00~19:00 입장료 200엔, 12세 미만 100엔

홈페이지 www.kyoto-station-building.co.jp/kyototezuka

교토타워 京都タワー

프랑스 파리에 있는 에펠탑을 의식하여 만든, 교토에서 가장 높은 131m 타워로, 건축 당시에는 시민단체로부터 "교토의 미관을 해친다"는 심한 반대에 부딪혔었다. 그러나 이제는 교토를 상징하는 타워가 되었다. JR 교토역을 나가면 정면으로 보인다. 약 100m 높이에 위치한 전망대에서는 바둑판 모양의 교토 시가지를 내려다 볼 수 있으며, 특히 천년 고도 교토의 야경을 감상하기에 좋다.

가는 방법 JR 교토역 중앙 출구로 나가 정면으로 도보 2분
시간 09:00~21:00
입장료 770엔, 고등생 620엔, 초중생 520엔, 초등생 미만 150엔
홈페이지 www.kyoto-tower.co.jp

히가시혼간지 東本願寺

히가시혼간지와 니시혼간지로 분리되기 전에는 본래 '혼간지' 하나였다. 1602년에 도쿠가와 이에야스는 사찰의 세력이 너무 커지는 것을 우려한 나머지 2개의 절로 양분하여 견제하는 수단으로 삼았다. 창건 당시의 건물들은 모두 소실되었고, 현재 남아 있는 문화재는 1911년에 복원된 것이다. 사찰의 산문인 27m 높이의 '다이시도몬'은 교토가 자랑하는 3대 문 중 하나로 꼽힌다. 또한 목조 건물인 본당 '고에이도'는 일본에서는 최대급이다.

가는 방법 JR 교토역 중앙 출구로 나가 정면으로 도보 10분. 지하철 카라스마센 교토 역 하차 4번 출구로 나가 오른쪽으로 도보 7분 시간 05:50~17:30(11~2월 06:20~16:30)

니시혼간지 西本願寺

유네스코 세계문화유산으로 등재된 니시혼간지는 일본 불교에서 발생한 정토진종의 총본산이다. 고승 신란이 사망하자 그의 불법을 전승하려는 신도들이 신란의 묘와 사당을 히가시야마에 정한 것이 혼간지 사찰의 시초였다. 그 후 도요토미 히데요시의 도움으로 1633년에 거의 지금과 같은 규모를 갖추며 점점 세력을 키워나갔다. 세력 확장을 그대로 둘 수 없었던 도쿠가와 이에야스는 결국 혼간지를 2개의 사찰로 쪼개 세력을 약화시켰다. 아름다운 모모야마 건축양식을 그대로 계승한 아미타당을 비롯하여 많은 건축물과 정원이 본래의 모습으로 잘 보존되어 있는 사찰이다.

가는 방법 JR 교토역 중앙 출구로 나가 왼쪽으로 도보 22분. 시 버스 9, 28번 니시혼간지마에 정류장 하차
시간 05:30~17:30(11~2월 06:00~17:00) 홈페이지 www.hongwanji.or.jp

토지 東寺

유네스코 세계문화유산으로 등재된 토지는 창건한 지 약 1200백년이나 된 사찰이다. 헤이안 천도 당시의 국가 사찰로는 유일하게 남은 유물이다. 특히 일본에서 가장 높은 57m의 5층탑으로 유명하다. 사가 천황이 당나라에서 불교와 밀교를 공부하고 돌아온 홍법대사에게 사찰을 내주어 진언종의 총본산이 된다. 현세의 이익을 중요시하는 진언종은 당시에 귀족층으로부터 많은 지지를 받으면서 급격하게 세력을 확장할 수 있었다. 그러나 15세기 말에 발생한 농민봉기로 상당수의 건축물이 소실되었고, 17세기 이후에 모든 가람 배치가 일직선을 유지하는 8세기 건축 양식으로 복원되었다. 중요문화재로 등록된 '금당'은 1603년에 재건하여 약사여래를 본존으로 모시며, 고풍스런 느낌이 물씬 풍기는 '강당'에는 대일여래상과 21기의 불상이 안치되어 있다. 금당과 강당 관람은 입장권이 필요하다.

가는 방법 JR 교토역 하치죠 출구로 나가 오른쪽으로 도보 25분. 시 버스 207번 토지히가시몬마에 정류장 하차
시간 08:30~17:30(9/20~3/19까지 08:30~16:30)
입장료 경내는 무료. 금당/강당 500엔, 고교생 400엔, 중학생 이하 300엔 홈페이지 www.toji.or.jp

보도인 平等院

유네스코 세계문화유산으로 등재된 보도인은 말법사상이 귀족과 승려들 사이에 널리 퍼지면서 극락왕생을 기원하는 정토신앙이 유행하던 1052년에 창건되었다. 그 후 아미타당(봉황당)을 완성하고 아미타여래좌상을 안치하여 약 1천 년 동안 그대로 전해지고 있다. 봉황당은 10엔짜리 주화 앞면에 새겨져 있어 많은 관광객들이 연못 건너에서 10엔짜리 주화를 꺼내들고 기념사진을 찍기 때문에 언제나 사람들로 북적인다.

가는 방법 JR 나라센 우지역 또는 JR 게이한센 우지역에서 도보 10분
시간 08:30~17:30(봉황당은 09:10~16:10) 입장료 600엔, 중고생 400엔(봉황당은 별도 300엔)
홈페이지 www.byodoin.or.jp

토후쿠지 東福寺

유네스코 세계문화유산으로 등재된 토후쿠지는 나라에 있는 최대 사원인 토다이지, 나라에서 가장 번성한 코후쿠지와 같은 교토 제일의 가람을 만들겠다는 의미를 담아 '토(東)'와 '후쿠(福)'한 글자씩 따온 임제종 선종사찰이다. 본당 중앙에는 15m 높이의 석가불이 자리하고, 왼쪽에 7.5m의 관음보살상, 오른쪽에 7.5m의 미륵보살상이 안치되었다. 사찰은 아시카가 요시모치, 도요토미 히데요시, 도쿠가와

이에야스의 비호를 받으면서 세력을 키웠으나 창건 이래 수차례 화재로 인하여 모두 소실되었고, 현재의 모습은 1934년에 복원되었다. 경내의 빨간 구름다리 '츠텐바시'와 에도시대를 대표하는 정원양식으로 설계된 카이산도의 정원이 무척 아름답다. 매년 3월 14~16일에는 대형 탱화가 걸리는 '네한즈' 행사로 유명한데, 탱화에는 불가에서 금기시하는 고양이가 그려져 있는 점이 독특하다.

가는 방법 JR 게이한센 토후쿠지역 출구로 나가 오른쪽으로 도보 11분. 시 버스 202, 207, 208번 토후쿠지 정류장 하차 도보 10분 **시간** 09:00~16:00
입장료 경내는 무료. 츠텐바시/카이산도 400엔, 중학생 이하 300엔. 방장정원 400엔, 중학생 이하 300엔
홈페이지 www.tofukuji.jp

교토 서부
京都西部

수도를 도쿄로 천도하기 전까지 1천 년 동안 일본의 지배계급이 거주하던 권력의 핵심지로서 천황이 거주하던 교토고쇼, 막부 장군이 거주하던 니죠죠, 금색 찬란한 킨카쿠지 사찰이 자리한 지역이다. 이 지역의 문제점은 볼거리가 너무 많다는 점인데, 초보여행자는 유네스코 세계문화유산으로 등재된 니죠죠, 킨카쿠지, 료안지, 닌나지를 중심으로 여행코스를 꾸미면 적당하다. 만약 욕심만으로 모두 구경하고 싶다면 서부지역만 3박4일이 필요하다.

교토 국제 만화 박물관 京都國際マンガミュージアム

시가지 한복판에 자리 잡은 옛 초등학교 건물을 리모델링한 박물관은 희귀본 자료실(지하1층), 자유열람실(1층), 테마박물관 및 전시실(2층)로 구성되어 있다. 교장실과 교실을 그대로 복원해 놓았으며, 운동장에 인조잔디가 깔려 있어 날씨가 좋으면 잔디에 누워서 책을 읽는 사람들이 많다. 세계 각지에서 수집한 약 20만 점의 만화책을 소장하고 있으며, 상시 2천여 점을 자유롭게 열람할 수 있다. 입장권 구입 당일에 한하여 자유롭게 드나들 수 있다.

가는 방법 지하철 카라스마센 토자이센 카라스마오이케역에서 2번 출구로 나가 오른쪽 뒤로 돌아가면 사거리가 나온다. 그곳에서 왼쪽으로 도보 1분. 시 버스 15, 51, 65번 카라스마오이케 정류장 하차
시간 10:00~18:00(7~8월 10:00~20:00) **휴일** 수요일, 연말연시
입장료 500엔, 중고생 300엔, 초등생 100엔 **홈페이지** www.kyotomm.com

니죠죠 二条城

유네스코 세계문화유산으로 등재되어 교토를 여행하는 사람은 반드시 들리는 성(城)이다. 1603년에 도쿠가와 이에야스가 천황이 머무는 '교토고쇼' 황실을 견제하기 위하여 작은 숙소를 만든 것을 계기로 이후 계속 확장하여 도쿠가와 막부 권력을 상징하는 성으로 거듭났다. 니죠죠는 동서 약 480m, 남북 약 360m의 직사각형 형태로 동서남북에 각각 출입문이 있다. 그중에서 호리카와 거리에 접한 히가시오테몬이 정문

이며, 안으로 들어가 오른쪽 안내소에서 한국어 음성 안내기를 임대(08:45~15:45, 500엔)하면 성안 문화재에 대한 다양한 정보를 접할 수 있다. 성은 1867년 메이지 유신을 거치면서 궁내청 소유가 되었다가 1939년부터 교토 시 소유가 되었다.

성안으로 들어가 제일 먼저 들리게 되는 곳이 모모야마 양식으로 지어진 니노마루 고텐이다. 이곳의 복도는 침입자를 막기 위해 발을 디딜 때마다 삐걱거리도록 만든 점이 특징인데, 마치 휘파람새의 울음처럼 들린다고 하여 '우구이스바리(휘파람새 마루)'라 한다. 이어서 다도의 명인 코보리 엔슈가 조성한 니노마루 정원→성의 위용을 자랑하던 5층짜리 텐슈카쿠가 있던 혼마루→울창한 수목과 정원이 운치 있는 세이류엔 순으로 돌면 약 1시간 30분 정도 소요된다. 성은 외적의 침입을 방지하기 위한 너비 13m 깊이 17m의 해자로 둘러싸여 있다.

가는 방법 지하철 토자이센 니죠죠마에역 1번 출구 도보 3분. 시 버스 9, 12, 50, 101번 니죠죠마에 정류장 하차
시간 08:45~16:00 휴일 1월, 7월, 8월, 12월의 화요일. 12/26~1/4
입장료 600엔, 중고생 350엔, 초등학생 200엔 홈페이지 www.nijoujou.com

교토교엔 京都御苑

도쿄의 '신주쿠교엔'과 같은 옛 황실 전용 정원으로, 동서 700m, 남북 1300m의 너비를 자랑한다. 본래 이곳에는 200여 채의 공무 집행 관청이 있었으나 1869년에

수도를 도쿄로 천도한 이후에 황폐해져 천황의 명으로 공원화하게 되었다. 지금은 둥근 강자갈과 잔디가 깔리고 산책로를 만들어 시민들이 좋아하는 안락한 휴식처가 되었다.

가는 방법 지하철 카라스마센 이마데가와역 하차, 3번 출구로 나가 왼쪽 횡단보도 건너 직진 2분. 시 버스 59, 102, 201, 203번 마라스마이마데가와 정류장 하차.

교토고쇼 京都御所

1869년에 수도를 도쿄로 천도하기 전까지 천황이 머물던 황궁이었다. 794년에 교토로 천도해 올 당시에는 작은 규모에 불과하였지만 몇 번의 확장공사를 거치고 1620년경에 도쿠가와 가문의 딸을 후궁으로 들이면서 지금과 같은 규모로 발전하게 되었다. 그러나 화재로 7번이나 전소되었고 현재의 건물은 1855년에 완성된 것이다.

교토고쇼는 봄, 가을의 특별공개 5일간을 제외하면 미리 참관신청(일어, 영어)을 하여야만 안으로 들어갈 수 있다. 신청은 궁내청 홈페이지에서 참관 종류(일본어 해설 표준 60분과 단축 30분, 영어 해설 60분), 희망날짜 및 시간을 체크하고 인적사항을 기입하면 된다.

가는 방법 지하철 카라스마센 이마데가와역 하차 3번 출구로 나가 왼쪽 횡단보도 건너 직진 10분. 시 버스 59, 102, 201, 203번 마라스마이마데가와 정류장 하차 도보 10분
시간 참관 해설투어는 일본어로 09:00, 11:00, 13:30, 15:00에 진행되고, 영어로 10:00, 14:00에 진행된다.(참관신청은 08:45~12:00, 13:00~17:00) **휴일** 토, 일, 공휴일, 12/28~1/4, 황실 행사가 있는 날 수시
홈페이지 sankan.kunaicho.go.jp

킨카쿠지 金閣寺

유네스코 세계문화유산으로 등재된 킨카쿠지는 우리에게는 '금각사'라는 이름으로 잘 알려진 사찰이다. 본래의 명칭은 무신정권(사무라이)이 지배하던 무로마치 막부의 3대 장군 아시카가 요시미츠의 법명인 '로쿠온지'였으나 연못 위에 세워진 2~3층 부분의 금박 누각(킨카쿠)이 유명해지면서 그대로 킨카쿠지라 불리게 되었다. 1400년에 지어진 본래의 킨카쿠지는 1950년에 발생한 화재로 전소되었으며, 지금의 누각은 1955년에 복원되어 화려하고 멋진 건축과 정원의 조화미를 그대로 살렸다. 특히 초겨울 해질녘에 방문하면 저녁노을이 비쳐 번쩍이는 킨카쿠의 아름다움이 더욱 빛을 발한다. 킨카쿠지의 연못은 전형적인 에도시대의 정원양식으로 만들어졌으며, 배 모양의 소나무 '리쿠슈노마츠'가 볼만하다.

가는 방법 시 버스 12, 59번 킨카쿠지마에 정류장 하차 도보 3분. 시 버스 101, 102, 204, 205번 킨카쿠지미치 하차 도보 6분 시간 09:00~17:00 입장료 400엔, 중학생 이하 300엔
홈페이지 www.shokoku-ji.or.jp/kinkakuji

료안지 龍安寺

유네스코 세계문화유산으로 등재된 묘신지 사원이며, 너비 10m, 길이 25m의 하얀 모래 위에 15개의 돌을 5군데로 나눠 배치한 심플한 호죠 정원으로 유명하다. 누가 언제 어떤 의미로 만든 것인지는 알려지지 않았지만 15개의 돌은 어느 쪽에서 보아도 1개의 돌이 가려져 보이지 않도록 설계되어 궁금증을 자아낸다. 특히 1975년에 일본을 공식 방문한 영국의 엘리자베스 여왕이 이곳을 견학하고 절찬한 것이 매스컴을 통하여 전 세계에 보도되면서 유명해졌다. 그래서 그런지 유독 서양인 관광객들이 많이 찾는 사찰이다. 산문을 지나면 왼쪽으로 연못이 보이는데 원앙새가 떼를 이뤄 몰려왔다고 하여 '원앙 연못'으로 불린다. 북쪽의 돌계단을 오르면 주지스님이 거처하는 호죠와 부엌으로 사용했던 건물이 있다. 호죠 뒤 정원에는 엽전 모양의 오유지족 吾唯知足글

씨가 새겨진 돌이 있다. 오유지족은 '지금 가진 것에 만족하라'는 뜻으로, 석가모니 부처가 입적하면서 제자들에게 남긴 말이다.

가는 방법 시 버스 59번 료안지마에 정류장 하차 도보 1분
시간 08:00~17:00(12~2월 08:30~16:30) **입장료** 500엔, 중학생 이하 300엔
홈페이지 www.ryoanji.jp

닌나지 仁和寺

유네스코 세계문화유산으로 등재된 닌나지는 코코 천황의 명으로 창건하였으며 뒤를 이은 우다 천왕이 888년에 완성한 사찰이다. 우다는 897년에 황권을 양위하고 닌나지로 출가하여 법황이 되었으며, 이를 계기로 1천년 동안 천황 가문에서 주지를 배출하는 황실 전용 사찰로 번성하였다. 그러나 1467년에 발발한 오닌의 난으로 사찰은 모두 소실되었으며, 다행스럽게도 본존의 아미타여래를 비롯한 성물은 재난을 피할 수 있어 도쿠가와 이에야스에 의해서 재건되었다.

산문인 인왕문을 넘어 신덴과 중문을 지나면 안쪽에 벚꽃의 명소로 유명한 금당이 나오고, 17세기에 만든 36m 높이의 오층탑이 중후하게 자리 잡고 있다.

가는 방법 케이후쿠 전철 아라시야마센 오무로닌나지역 정면으로 도보 3분. 시 버스 10, 26, 59번 오무로닌나지 정류장 하차 도보 1분 **시간** 09:00~17:00(12~2월 09:00~16:30)
입장료 경내는 무료. 닌나지고덴 500엔, 레이호칸 500엔 **홈페이지** www.ninnaji.or.jp

묘신지 妙心寺

일본 최대의 불교종파인 묘신지의 대본산이다. 하나조노 천왕의 별궁을 선종사찰로 바꾸어 창건한 절은 웬만한 종합대학 캠퍼스 규모의 넓이로 7당의 가람과 47개의 탑이 있다. 경내는 칙사가 출입할 때 이용하는 산문, 불전, 법당 등이 일직선으로 늘어서 있고 주변에는 하얀 벽으로 둘러싸고 있는 탑두(塔頭)가 인상적이다. 종각의 범종은 국보로 지정되었고, 참배객들이 머물 수 있는 템플스테이 및 좌선체험도 가능하다.

묘신지 북문에서 가까운 곳에 묘신지 말사의 하나인 게이순인 桂春院은 지형을 활용한 아름다운 정원으로 유명하다. 철쭉이 아름다운 남쪽 정원과 이끼가 아름다운 동쪽 정원으로 나뉘어 있다. 미리 예약하면 참배객들이 머무는 숙소에서 일본 전통 사찰음식을 먹을 수 있다.

가는 방법 시 버스 10, 26 묘신지키타몬마에 정류장 하차 또는 시 버스 91, 93번 묘신지마에 정류장 하차
시간 24시간. 법당은 09:10~15:40, 타이조인 09:00~17:000 9:00~17:00(12~2월 09:00~16:30)
입장료 경내는 무료. 법당 500엔, 중학생 300엔, 초등생 100엔. 타이조인 500엔
홈페이지 www.myoshinji.or.jp

히가시야마 일대
東山

교토에 거주하는 현지인들은 동부지역을 '히가시야마'로 부른다. 주요 관광지 및 택지가 언덕에 집중되어 있기 때문이다. 관광지에 들렸다가 언덕을 내려오면 시가지 중심인 기온시죠역 부근의 번화가로 이어지기 때문에 교토를 여행하는 사람들이 오후에 많이 들리는 곳이다. 그렇기 때문에 바쁜 여정을 쪼개 1일 관광으로 교토에 들린다면 6시부터 개방하는 기요미즈데라부터 빠른 걸음으로 구경하는 것이 유리하다.

교토 국립 박물관 京都国立博物館

일본의 4대 박물관으로 꼽히는 도쿄, 나라, 교토, 규슈박물관 중 하나로 본관은 건축가 카타야마 토쿠마의 작품이다. 약 1만 2천 점의 작품을 소장하고 있으며 도자기, 조각, 회화, 염직물, 칠기, 금속 공예품 중에서 선별하여 상설 전시한다(2013년까지 상설전시장은 리뉴얼 공사 중). 박물관 정원에는 석탑, 석불, 에도의 조형물, 로댕의 〈생각하는 사람〉 등이 설치되어 야외 전시관으로서의 기능을 발휘하고 있다. 박물관 입구에 뮤지엄 숍과 카페도 있다.

가는 방법 게이한센 시치죠역 1, 2번 출구로 나가 오른쪽으로 도보 8분. 시 버스 100, 206, 208번 하쿠부츠칸산주산겐도마에 정류장 하차 도보 3분   시간 09:30~18:00(금요일은 20:00까지)   휴일 월요일, 3/15~4/9
입장료 전시에 따라 다르다   홈페이지 www.kyohaku.go.jp

산쥬산겐도 三十三間堂

1164년에 천황의 명으로 창건된 국보 산쥬산겐도의 정식 명칭은 '렌게오인'이다. 전체 길이 118m의 본당이 옆에서 보면 33칸으로 나뉘어 있어 붙은 이름이다. 에도 시대에는 본당을 가로질러 화살을 날리는 '토시야' 행사가 있었으며, 그 전통은 오늘날까지 이어져 매년 1월 15일에 '토시야마쓰리'를 통하여 볼 수 있다. 본당에 들어가면 중앙에 40개의 팔이 달린 천수관음좌상이 자리하고 있다. 40개의 팔 각각이 25개의 세상을 구제한다(40×25)고 하여 천수관음(=1000)이다. 천수관음상은 얼굴이 모두 다른데, 여행자의 눈에 맨 처음 보이는 천수관음의 얼굴모양이 현생에서 자기가 만나게 될 배우자의 얼굴 모양과 같다고 하니 눈을 크게 뜨고 보자.

가는 방법 게이한센 시치죠역 1, 2번 출구로 나가 오른쪽으로 도보 7분. 시 버스 100, 206, 208번 하쿠부츠칸산주산겐도마에 정류장 하차. 시 버스 207번 히가시야마나나죠 정류장 하차 도보 5분
시간 08:00~17:00(11/16~3/31 09:00~16:00) 입장료 600엔, 중고생 400엔, 초등생 이하 300엔
홈페이지 www.sanjusangendo.jp

기요미즈데라 清水寺

교토에서 가장 유명한 관광 명소의 하나로 계절을 가리지 않고 항상 수많은 관광객들이 붐비는 곳이다. 유네스코 세계문화유산으로 등재되었으며 우리나라에는 '청수사'로 널리 알려진 사찰이다. 기요미즈데라는 특히 일본 문학작품의 무대로 자주 등장하기 때문에 일문학 또는 일본 소설 마니아들에게는 인기 스폿이다. 사찰로 이어지는 기요미즈자카 언덕길은 아기자기한 맛이 있고, 경내도 매우 넓어 다양한 볼거리가 많다. 전체를 둘러보려면 시간이 많이 걸리기 때문에 바쁜 여행자들은 시간 조절이 필요하다. 오토와야마 音羽山에서 흘러나오는 물은 마치 폭포처럼 떨어지고, 예로부터 환자들에게 이로운 약수라 하여 일본 각지에서 이곳을 찾아와 물을 마시는 진풍경도 볼만하다. 또한 경내의 지슈진자 地主神社는 인연을 맺어주는 신

을 모시고 있어, 좋은 인연을 기다리는 젊은 관광객들이 본전 앞에 있는 '연애점 돌'을 배경으로 사진을 찍느라 길게 줄이 늘어설 정도다. 연애점 돌은 두 개가 있는데, 눈을 감고 다른 돌이 있는 20m를 무사히 걸어서 도착하면 사랑이 이루어진다고 한다. 사랑의 행방이 궁금하다면 한번 도전해 보는 것은 어떨까.

가는 방법 시 버스 100, 202, 206, 207번 고죠자카 또는 기요미즈미치 정류장 하차 도보 15분
시간 06:00~18:00(비정기적으로 시간이 연장되는 기간이 있다. 홈페이지 참조)
입장료 300엔, 중고생 이하 200엔(입장권은 당일에 한해 몇 번이고 재사용 가능)
홈페이지 www.kiyomizudera.or.jp

산넨자카, 니넨자카 産寧坂, 二年坂

산넨자카는 고즈넉한 교토의 풍경을 즐길 수 있는 골목 산책길이다. 기요미즈데라에서 언덕을 따라 내려오면 오른쪽으로 난 좁고 급한 경사의 돌계단을 발견할 수 있는데, 이곳이 바로 산넨자카다. 주변은 전통 건물 보존지구로 지정되어 교토의 옛 모습이 그대로 보존되어 있어 일본의 드라마 단골 촬영지이자 사진을 즐기는 마니아들에게는 유명한 장소다. 돌계단을 따라 교토의 선물가게, 식당, 요정 등이 들어서 있다.

니넨자카는 산넨자카 언덕을 내려간 후, 도요토미 히데요시의 정실인 네네가 남편의 넋을 기리기 위해 1605년에 세운 고다이지 高台寺에 이르는 언덕길이다. 산넨자카와 마찬가지로 주변은 다이쇼 시대 초기의 집들과 마을 풍경이 그대로 남아 있는 보존지구다. 이곳도 선물점 등 흥미를 유발하는 가게들이 많아 심심하지 않다.

가는 방법 시 버스 100, 202, 206, 207번 기요미즈미치 정류장 하차 기요미즈데라 방향 도보 10분

기온 祇園

기온은 교토를 대표하는 주요 번화가 중 한 곳으로 일본 전국 8만 곳의 기온진자의 총본산인 '야사카진자'의 앞마을 시죠도리를 따라 발전한 곳이다. 인근에는 18세기 거리의 모습을 그대로 간직한 '하나미코지'를 비롯하여 '시죠도리 쇼핑 '카와라마치도리 쇼핑가' 등이 있다. 교토를 대표하는 번화가인 만큼 저녁이 되면 수많은 관광 인파로 혼잡하다.

하나미코지는 야사카진자 계단을 내려와 시죠도리를 따라 약 100m 정도 가면 왼쪽으로 길게 뻗은 골목길이다. 이곳은 전통적인 점포들이 많은데, 경제적 여유가 있다면 이곳에서 교토의 맛을 제대로 느낄 수 있는 교요리(교토정식)에 도전하는 것도 나쁘지 않다. 하나미코지에서는 저녁에 일본 전통 기모노 옷을 입고 하얗게 얼굴 화장을 한 게이샤들을 볼 수 있다.

가는 방법 게이한센 기온시조역 7번 출구. 한큐센 카와라마치역 1B 출구로 나가 오른쪽으로 도보 3분. 시 버스 12, 46, 100, 201, 202, 203, 206, 207번 기온 정류장 하차
시간 11:00~20:00(점포에 따라 다름)

긴카쿠지 주변
銀閣寺

교토 여행을 다녀온 사람들 중에는 금색 찬란한 킨카쿠지보다는 소박한 모습의 긴카쿠지가 더 인상적이었다고 하는 경우가 많다. 히가시야마 東山 기슭에 위치한 긴카쿠지는 유서 깊은 사찰의 면모와 고즈넉함이 물씬 풍기는 곳이며, 사찰 주변으로 한가하게 차를 마시며 숨고르기에 적당한 곳이 많다. 특히 봄 벚꽃, 가을 단풍은 돈을 주고도 살 수 없을 정도로 화려하다. 이 일대에서는 헤이안진구와 긴카쿠지에 집중하고, 다른 관광지는 시간이 허락하는 범위에서 움직이면 된다.

오카자키 공원 岡崎公園

오카자키 공원의 부지는 헤이안 시대에 천황 가문의 사찰과 귀족들의 저택이 있던 자리다. 1467년에 발발한 오닌의 난으로 폐허가 되었고 1895년에 개최된 제4회 국내박람회를 계기로 주변을 정비하면서 오늘과 같은 모습이 되었다. 공원에는 동물원, 도서관, 국립 근대미술관, 시 미술관 등이 있는 문화공간이다. 특히 교토 시 미술관은 1934년에 완공되어 공원을 대표하는 문화시설이며, 미술관 정면에 위치한 주홍색 도리이(높이 24.4m)는 일본에서 가장 크다.

가는 방법 지하철 토자이센 히가시야마역 1번 출구로 나가 왼쪽으로 도보 10분. 시 버스 5, 32, 46, 100번 교토카이칸비쥬츠칸마에 정류장 하차 시간 교토 시 미술관 09:00~17:00 휴일 미술관은 월요일, 3/15~4/9 입장료 미술관은 전시에 따라 다르다 홈페이지 www.city.kyoto.jp/bunshi/kmma

헤이안진구 平安神宮

1895년에 헤이안 천도 1100년을 기념하여 헤이안쿄 平安京 천도 당시의 제50대 간무 천황을 모시는 신사로 지어졌는데, 2001년에 아키히토 천황이 "간무 천황은 백제 무령왕의 후손"이라고 밝힌 바 있다. 경내로 들어가면 바닥에 깔린 흰 모래와 주홍색의 건물들이 강렬한 대비를 보여준다.

헤이안진구 입구 안 왼쪽으로 2분 정도 걸으면 일본의 명승으로 지정된 약 1만 평의 일본식 정원 '진엔'이 있다. 1896년에 일본 근대 정원의 선구자인 오카자 지헤가 설계한 3개의 연못과 산책로의 벚꽃, 창포가 매우 아름답기로 유명하다.

가는 방법 지하철 토자이센 히가시야마역 1번 출구로 나가 왼쪽으로 도보 17분. 시 버스 5, 32, 46, 100번 교토카이칸비쥬츠칸마에 정류장 하차 도보 5분.
시간 3/1~3/14에는 06:00~16:00, 9~10월에는 6:00~17:30, 11~2월은 06:00~17:00
입장료 경내는 무료. 진엔은 600엔, 초등생 이하 300엔 **홈페이지** www.heianjingu.or.jp

긴카쿠지 銀閣寺

할아버지가 세운 킨카쿠지를 견본으로 1482년에 무로마치 8대 장군 아시카가 요시마사가 별장 용도로 지은 건물이다. 실제로 킨카쿠지 만큼의 규모는 아니지만 12채의 크고 작은 건물 중에서 긴카쿠(관음전)와 동구당 등이 현존하고 있다. 그러나 별장이 완성되기도 전에 요시마사가 사망하여 그의 법명을 딴 선종 사찰 지쇼지 慈照寺로 바뀌었다.

긴카쿠지 본존은 관음불이며, 1층 '신쿠덴'은 주택양식으로 지어졌고 2층 '쵸온카쿠'는 중국의 선종양식으로 지어진 불당이다. 일설에 의하면 금박을 입힌 킨카쿠지처럼 긴카쿠에도 은박을 입혔다고 전해졌지만, 2007년에 실시한 과학적인 조사에서는 은박이 전혀 검출되지 않았다.

관음전 앞 정원의 연못인 '킨쿄치'는 물이 흐르도록 설계되었으며, 하얀 모래를 깔아 파도를 나타내는 '긴샤단', 모래를 쌓아 후지 산을 형상화한 '코케즈다이'가 에도시대 이후에 추가되면서 당초에 설계된 모습과는 다르게 변하였다. 산책로를 따라 5분 정도 걸어 뒷산 중턱에 오르면 긴카쿠지 전체가 한눈에 보이는 전망대가 있으며, 멀리 교토 시가지도 보인다.

가는 방법 시 버스 5, 17, 32, 100, 102, 203, 204번 긴카쿠지미치 정류장 하차 도보 10분. 또는 시 버스 32, 100번 긴카쿠지마에 정류장 하차 도보 6분 시간 08:30~17:00(12~2월은 09:00~16:30)
입장료 500엔, 중학생 이하 300엔 홈페이지 www.shokoku-ji.or.jp/ginkakuji

철학의 길 哲学の道

긴카쿠지로 통하는 골목길 입구에서 작은 시냇가를 따라 에이칸도로 통하는 약 1.8킬로m의 산책로다. 일본을 대표하는 철학자 니시다 키타로가 즐겨 산책하여 '철학의 길'이라는 명칭이 붙여졌다. 벚꽃이 아름다운 산책로는 곳곳에 패션용품, 액세서리, 소품 등을 판매하는 갤러리 스타일의 숍과 카페가 있어 고즈넉하면서도 심심하지 않다. 산책로 끝까지는 약 50분 정도 소요되므로 20분 정도만 걷고 되돌아 나오는 것이 좋다.

가는 방법 시 버스 5, 17, 32, 100, 102, 203, 204번 긴카쿠지미치 정류장 하차 도보 6분. 또는 시 버스 32, 100번 긴카쿠지마에 정류장 하차 도보 2분

교토 북부
京都北部

북부지역은 매우 넓은 반면에 교통편도 불편하고 볼거리도 여기저기 분산되어 있는 지역이다. 그러나 시간만 허락한다면 유네스코 세계문화유산으로 등재된 카미가모 신사, 시모가모 신사를 중심으로 들려봄직하다. 또한 여정은 긴카쿠지와 함께 묶어 계획을 짜는 것도 요령이다. 하지만 초보여행자가 서부와 히가시야마 일대의 볼거리를 포기하면서까지 찾아갈 정도는 아니다.

카미가모 신사 上賀茂神社

유네스코 세계문화유산으로 등재된 신사는 678년 천무 천황 시절에 창건되었으며, 국가의 중대사가 있을 때마다 이곳에서 제례를 올렸다. 특히 천둥신을 모시는데 전기산업과 관련된 안전을 지켜주는 수호신으로 널리 유명하다. 또한 건축과 관련된 기원도 잘 들어준다. 신사를 중심으로 매년 5월 15일에 거행되는 '카모마쓰리'는 807년에 시작되어 헤이안 시대의 장편소설 〈겐지 이야기〉에도 자주 등장하는 축제다. 말을 타고 경내를 달리는 '가모 경마'행사는 매년 5월 5일에 치러지며, 교토시 무형 민속 문화재로 등록되었다. 또한 국보이자 세계문화유산인 카미가모 신사의 본전 앞에서는 결혼식을 올릴 수 있기 때문에 선남선녀들이 선호하는 꿈의 결혼식장이다.

가는 방법 시 버스 4, 46번 카미가모진자마에 정류장 하차.
시간 08:00~16:00 입장료 무료 홈페이지 www.kamigamojinja.jp

시모가모 신사 下鴨神社

카미가모 신사와 마찬가지로 카모씨 신을 모시며, 정식 명칭은 '카모미오야' 신사다. 예로부터 교토는 가모 강 또는 타카노 강을 중심으로 마을이 형성되었고, 가모 강 하류에 세워진 신사라는 의미로 현지인들 사이에서는 '시모가모 상'이란 애칭으로 통하기도 한다. 일본의 역사 고서 〈풍토기〉〈고사기〉〈일본서기〉에 등장하며, 동쪽과 서쪽에 있는 두 본전은 국보로 지정되었다. 시모가모 신사도 유네스코가 인정하는 세계문화유산이다.

가는 방법 게이한센 데마치야나기역을 나가 오른쪽으로 이어진 길을 따라 직진 15분. 시 버스 4, 205번 시모가모 진자마에 정류장 하차 시간 일출~일몰 입장료 무료 홈페이지 www.shimogamo-jinja.or.jp

아라시야마
嵐山

10세기 전후로 귀족들이 별장을 세운 아름다운 자연이 자랑인 지역이다. 토케츠쿄, 텐류지, 대숲 등의 볼거리는 아라시야마역을 중심으로 느긋하게 걸어서 구경할 수 있다. 그러나 일부 볼거리는 걷기에 멀고 교통편도 나빠 아라시야마역 주변에서 자전거를 렌트(09:00~17:00, 1일 800~1500엔)하면 도움이 된다. 또한 현지 음식비가 비싼 편이므로 교토를 출발하면서 도시락을 준비하는 것이 좋다.

가는 방법 JR 교토역에서 사가아라시야마행 쾌속으로 사가아라시야마역까지 약 20분이 소요된다(230엔). 사철은 케이후쿠센 시죠오미야역에서 출발하여 아라시야마역까지 22분이 소요(220엔). 한큐 전철 한큐카와라마치역을 출발하여 카츠라역 1번 홈에서 한큐 아라시야마 선으로 갈아타고 아라시야마역까지 약 30분 소요된다(220엔). 사철은 간사이 스루 패스 사용 가능.

토게츠쿄 渡月橋

9세기경에 호즈 강변에서 수행을 하던 승려 도쇼가 만든 다리가 원조다. 지금의 것은 1934년에 길이 150m, 왕복 2차선으로 재건한 것이다. 한밤중에 이곳을 지나던 카메야마 천황이 교각 위에 뜬 달을 보면서 "마치 달이 다리를 건너는 것 같다"고 표현한 것이 유래하여 토케츠쿄라는 명칭을 얻었다. 교각에서 약 100m 정도 떨어진 선착장에서는 호즈 강을 거슬러 올라가는 유람선(35분 코스 3500엔) 또는 3인승 보트(1시간에 1400엔)가 있다.

가는 방법 한큐센 아라시야마역 정면에서 도보 9분. 케이후쿠센 아라시야마역으로 나가 왼쪽으로 도보 3분. JR 사가아라시야마역에서 도보 18분

텐류지 天龍寺

유네스코 세계문화유산으로 등재된 텐류지는 1339년에 창건되어 교토오산 중에서 제1위인 규모가 큰 선종 사찰이었다. 그러나 1445년의 화재와 1467년 오닌의 난 등 모두 8번이나 소실되면서 규모도 작아졌다. 이후 법당, 대방장, 서원, 다보전 등이 수차례 복원되면서 1941년에 지금의 모습이 완성되었다. 경내의 소겐치 정원은 약 700년 전에 만든 것으로 계절의 변화가 뚜렷하게 보이도록 조경수를 배치한 일본

최초의 사적 특별명승으로 지정된 아름다운 정원이다.

가는 방법 한큐센 아라시야마역 정면으로 도보 17분. 케이후쿠센 아라시야마역으로 나가 오른쪽으로 도보 1분
시간 08:30~17:30(10/21~3/20에는 09:00~17:00)
입장료 경내는 무료. 정원 500엔 중학생 이하 300엔. 정원, 대방장, 소방장, 다보전 공통권 600엔, 중학생 이하 400엔 **홈페이지** www.tenryuji.com

치쿠린 竹林

평균 25m 높이의 맹종죽 대나무가 수천에 이르는 울창한 숲이다. 죽림 양쪽으로 약 200여 m에 이르는 산책로가 있어 조용히 걸으면서 사색에 잠기기에 좋은 곳이다. 특히 인적이 드문 새벽 산책에서 들을 수 있는 울창한 대나무 이파리가 바람결에 부딪치는 자연의 소리는 종교적 체험에 가까운 희열을 느끼게 한다.

가는 방법 한큐센 아라시야마역 정면으로 도보 32분. 케이후쿠센 아라시야마역으로 나가 오른쪽으로 도보 16분

사슴과 함께 하는 산책길
나라 奈良

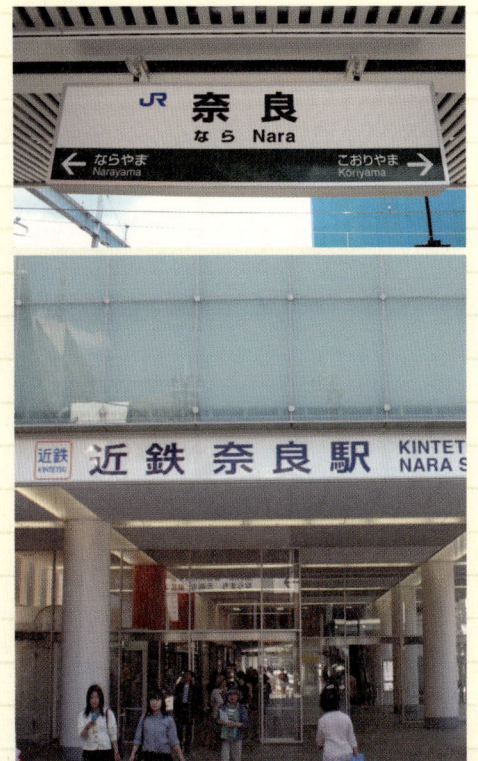

나라는 교토에 버금가는 역사적인 도시다. 교토와 마찬가지로 사찰, 신사가 주요 볼거리지만, 고구려, 백제, 신라의 영향을 많이 받은 곳이어서 어떤 면에서는 친숙함마저 들기도 한다.

나라는 크게 호류지, 나라 공원 일대, 니시노쿄 지역 3곳으로 구분할 수 있다. 3곳 모두 하루에 정복하기는 실질적으로 어렵기 때문에 대부분의 여행자들은 나라 공원만을 대상으로 1일 여행 코스로 방문한다.

만약 발걸음이 빠른 여행자라면 아침 일찍 호류지로 출발하여 8시부터 호류지를 관람하고 나라 공원으로 가도 된다. JR 호류지역과 JR 나라역은 불과 세 정거장밖에 안 떨어져 있기 때문에 충분히 1일 여행으로 소화할 수 있다.

가는 방법 나라는 간사이 여행의 특성상 오사카 또는 교토에서 출발하게 된다.
오사카에서 나라 구간은 JR, 긴테츠 전철을 이용한다. JR은 오사카역에서 쾌속으로 45분(780엔), 남바역에서 쾌속으로 36분(540엔)이 소요된다. 나라역은 동쪽 출구와 서쪽 출구가 있지만 대부분의 볼거리는 동쪽 출구로 나가 왼쪽으로 걸으면 된다. JR 역 동쪽 출구 앞에 버스정류장이 있지만, 노선의 복잡함, 비싼 요금, 출발시간 등을 감안하면 걷는 것이 유리하다. 긴테츠 전철은 오사카 남바역에서 쾌속급행으로 34분(540엔)이 소요된다. 간사이 스루 패스 소지자는 긴테츠 전철을 이용하고, 긴테츠 나라역에 도착하여 2번 출구로 나가면 편리하다.
교토에서 나라 구간도 JR, 긴테츠 전철을 이용한다. JR은 교토역에서 쾌속으로 45분(690엔), 긴테츠 전철은 긴테츠 교토역에서 급행으로 45분(610엔)이 소요된다.

호류지
法隆寺

이곳은 고구려와 백제에서 불교를 전수받은 요메이 천황의 둘째아들인 쇼토쿠 태자가 불교국가를 꿈꾸며 601년에 궁전을 짓고 호류지 등 사찰을 지으면서 일본 역사에 등장하기 시작한다. 그러나 내전으로 인하여 634년에 궁전과 사찰은 거의 소실되고 호류지만 겨우 당시의 모습으로 남았다. 우리에게는 국사 교과서에 나오는 담징의 금당벽화로 알려진 곳이다.

가는 방법 오사카에서는 JR 오사카역에서 쾌속으로 45분(620엔), JR 남바역에서 쾌속으로 30분(450엔)이 소요된다. 교토는 JR 교토역에서 쾌속으로 70분(950엔), 나라는 JR 나라역에서 쾌속으로 12분(210엔)이 소요된다.

호류지 法隆寺

세계에서 가장 오래된 목조 건물이 현존하는 아스카 시대의 모습을 고스란히 보여주는 호류지는 일본 최초로 1993년에 유네스코 세계문화유산으로 등재된 사찰이다. 금당 동쪽에 안치된 약사여래상의 기록과 문헌을 보면 "요메이 천황이 자신의 병을 고치기 위해 불상을 만들고자 하였으나 뜻을 이루지 못하고 사망하여 쇼토쿠 태자가 유언에 따라 607년에 약사여래를 본존으로 모시는 절을 세웠다"고 한다. 호류지는 서원과 동원으로 나뉘어 있으며, 현재 중문, 회랑, 오층탑, 금당, 대강당, 종루, 경장이 있는 서원가람은 1400년의 역사를 자랑하는 호류지의 중심이다. 약 6만 평 규모의 경내에서 발굴된 문화재가 2300여 점에 이르며, 그중 190점이 국보 및 중요문화재로 지정되었다.

가는 방법 JR 호류지역 남쪽 출구에서 노선버스로 5분, 또는 북쪽 출구로 나가 정면으로 도보 30분. 만약 호류지를 들려 나라 공원을 1일 여행으로 생각한다면 JR 호류지역에는 7시경에 도착하여야 하고, 이른 아침에 호류지행 버스가 없으므로 호류지까지 걸어가야 한다(약 1.6km). 또한 호류지에서 10시경에는 나라 공원으로 출발하여야 한다. **시간** 08:00~17:00 (11/4~2/21에는 08:00~16:30
입장료 1000엔, 초등생 500엔 **홈페이지** www.horyuji.or.jp

✱ 중문 中門

서원가람의 정문이다. 670년에 재건한 것이며, 문을 지키는 인왕상은 711년에 완성하였다.

✱ 오층탑 五重塔

높이 31.5m로 일본에서 가장 오래된 오층탑이다. 1층 탑면에 동서남북으로 유마거사와 문수보살, 석가의 입적, 사리의 분할, 미륵불의 설법이 묘사되어 있다.

✱ 금당 金堂

세계에서 가장 오래된 목조 건물이다. 안에는 요메이 천황의 명복을 비는 약사여래좌상, 황후의 명복을 비는 아미타여래좌상, 쇼토쿠 태자의 명복을 비는 금동 석가삼존상, 3기의 불상을 수호하는 인왕상이 있다. 금당 기둥에는 코끼리, 사자 각각 두 마리와 용 네 마리가 새겨져 있다.

✱ 다이호조인 大宝藏院

쇼토쿠 태자와 관련된 유물, 불상, 의상, 가면, 악기, 탱화를 전시한다. 특히 백제관음당에 모셔진 백제의 유물인 2.11m의 백제관음상이 볼만하다.

나라 공원
奈良公園

문화재, 관광객, 사슴이 함께 어울릴 수 있는 공원이다. 나라 여행을 마친 사람들에게 "무엇이 가장 기억에 남느냐"고 물으면 역시 사슴이다. 매점에서 사슴 전용 먹이를 구입하여 사슴들과 허물없는 친구가 되는 것도 즐거운 일이지만, 세계문화유산으로 등재된 코후쿠지, 토다이지, 카스가타이샤는 절대 양보할 수 없는 볼거리임을 잊지 말자.

산죠도리 상점가 三条通り商店街

비브레 백화점을 중심으로 형성된 코니시도리, 음식점과 기념품점이 몰려있는 아케이드 히가시무키도리, 서민적인 냄새가 폴폴 풍기는 모치이도노도리로 이어지기 때문에 웬만한 기념품은 이곳에서 구입할 수 있다. 본래 나라가 번성했던 8세기경에는 이곳이 '산죠오지'로 불리는 중심가였다.

가는 방법 JR 나라역 동쪽 출구로 나가 왼쪽으로 도보 4분. 긴테츠 나라역 2번 출구로 나가 오른쪽으로 도보 5분
시간 11:00~20:00(점포에 따라 다르다)

사루사와 연못 猿澤池

고대 일본의 노래집 〈만요슈〉에 등장할 정도로 유서 깊은 연못이다. 거북이, 자라, 잉어가 많고, 연못가를 일주할 수 있는 산책로가 있다. 나라 공원의 사슴, 토다이지 범종, 사루사와 연못과 오층탑, 코후쿠지 등나무, 눈 덮인 미카사야마는 '나라 5경'이다.

가는 방법 JR 나라역 동쪽 출구로 나가 왼쪽으로 도보 20분. 긴테츠 나라역 2번 출구로 나가 오른쪽으로 도보 8분

코후쿠지 興福寺

669년에 후지와라노 카마타리의 쾌차를 기원하기 위해 세운 사찰로, 본래의 명칭은 '야마시나지'였다. 나라에서 창건되어 아스카로 옮겼다가 다시 710년에 아스카에서 헤이죠쿄로 수도를 천도하면서 지금의 자리로 옮겨져 코후쿠지가 되었다. 황실로부터 신망이 두터운 후지와라 가문의 비호를 받은 사찰이었던 까닭에 8세기경에 간사이 7대 사찰 중 하나가 될 정도로 권력지향 사찰이었다. 그 후 화재로 인하여 소실, 재건을 거듭하였으나 현재는 12채의 건물만 남았다.

730년에 세운 50.8m의 오층탑은 나라를 상징하는 탑으로, 지금까지 5번의 화재로 모두 소실되었으나 1426년에 다시 세웠다. 오층탑 주변에는 726년에 동쪽에 위치한 금당인 동금당을 지었으나 화재로 전소되고, 1415년에 재건하여 약사여래상을 모시고 있다. 국보관은 아수라상이 유명하며, 국보급 불상과 문화재가 전시되어 있다.

가는 방법 JR 나라역 동쪽 출구로 나가 왼쪽으로 도보 20분. 긴테츠 나라역 2번 출구로 나가 정면으로 도보 5분
시간 경내는 24시간. 동금당/국보관 09:00~17:00
입장료 경내는 무료. 동금당 300엔, 중고생 200엔, 초등생 100엔. 국보관 600엔

나라 현청 전망실 奈良県庁展望室

작은 휴게소 같은 전망실은 인근에 높은 건물이 없어 나라 공원과 시가지를 한눈에 볼 수 있으며, 나라 시내의 명소가 보이는 방향으로 그림 패널을 설치하여 자세히 소개하고 있다. 전망실에서 계단을 통해 옥상으로 가면 토다이지가 제대로 보인다. 6층에 카페테라스 겸 구내식당이 있다.

가는 방법 JR 나라역 동쪽 출구로 나가 왼쪽으로 도보 28분. 나라 현청으로 들어가 왼쪽 엘리베이터를 타고 R층 버튼. 긴테츠 나라역 2번 출구로 나가 정면으로 도보 9분
시간 10:00~17:00 휴일 토, 일, 공휴일 입장료 무료

나라 공원 奈良公園

'나라' 하면 떠오르는 사슴. 그 사슴들을 자연스럽게 방목하여 관광객과 어우러지도록 만든 생태 공원은 1880년에 동서 약 4km, 남북 약 2km 크기로 조성되었다. 공원을 중심으로 코후쿠지, 토다이지, 카스가타이샤 등 유네스코 세계문화유산이 펼쳐지기 때문에 나라에 가면 누구나 들리게 되는 곳이다. 주말에는 현지인들이 어린이와 함께 소풍을 나와 사슴에게 먹이를 주는 등, 문화재, 사슴, 사람이 자연스럽게 어우러지는 모습이 부럽기만 한 곳이다.

가는 방법 JR 나라역 동쪽 출구로 나가 왼쪽으로 도보 20분. 긴테츠 나라역 2번 출구로 나가 정면으로 도보 5분.

나라 국립 박물관 奈良國立博物館

일본의 3대 박물관은 도쿄, 교토, 나라 국립 박물관이다. 본관 건물은 1895년에 건축가 카타야마 토쿠마가 설계한 중요 문화재다. 박물관은 15개의 전시실을 갖추고 있는 본관과 신관으로 나뉘지며, 봄가을 특별 전시회 기간에는 평소에 구경조차 할 수 없는 예술작품을 공개하기 때문에 일본 전국에서 많은 사람들이 몰려든다. 소장품 중에는 불상 등 한반도에서 건너간 유물도 많다.

가는 방법 JR 나라역 동쪽 출구로 나가 왼쪽으로 도보 34분. 긴테츠 나라역 2번 출구로 나가 정면으로 도보 20분
시간 09:30~17:00. 4월 말~10월 말 매주 금요일, 1월의 넷째 토요일, 3/12, 8/15, 12/17은 09:30~19:00
휴일 월요일, 연말연시 **입장료** 500엔, 대학생 250엔, 18세 미만 무료 **홈페이지** www.narahaku.go.jp

토다이지 東大寺

728년에 쇼무 천황이 황태자를 위하여 세운 '킨쇼산지'가 시초로, 일본에서는 처음으로 신라에서 가져온 '화엄경'을 설법한 곳이다. 일본에 불교가 전래되어 200주년이 되는 752년에 다이부츠덴이 완성되었고, 이후 종루, 강당, 탑 등이 세워지면서 일본에서는 유래가 없었던 거대한 사찰로 성장하게 된다. 그러나 헤이안 말기 1180년에 발발한 내전 '겐페이캇센'으로 대부분 소실되었고, 1567년 '미요시의 난'으로 사찰 전체가 소실되기도 하였다. 1709년에 도쿠가와 5대 장군인 츠나요시의 도움으로 재건하였으나 8세기 무렵의 대규모 사찰로는 복원하지 못하였다. 하지만 세계 최대의 목

조 건물 다이부츠덴 및 다이부츠 청동불상으로 유네스코 세계문화유산으로 등재되었다.

가는 방법 JR 나라역 동쪽 출구로 나가 왼쪽으로 도보 45분. 긴테츠 나라역 2번 출구로 나가 정면으로 도보 27분
홈페이지 www.todaiji.or.jp

남대문 다이부츠덴 南大門 大佛殿

남대문은 토다이지의 정문이다. 1180년의 내전 '겐페이캇센'으로 소실되었다가 1203년에 중국 송나라의 천축양식으로 재건한 것이다. 문 양쪽에는 각각 '인왕상'을 세워 나쁜 기운이 침범하지 못하도록 하였다.

752년에 완성된 '금당' 다이부츠덴은 1180년과 1567년의 내전으로 완전히 소실되고, 1709년에 높이 48m, 너비 57m로 재건하였다. 안으로 들어가면 높이 5m, 무게 380t의 다이부츠가 안

치되어 있다.

현지인들은 다이부츠덴으로 들어가기 전에 입구에 있는 향로에서 몸에 연기를 쐬는 의식을 통하여 액땜을 하니 따라하는 것도 나쁘지 않다.

가는 방법 JR 나라역 동쪽 출구로 나가 왼쪽으로 도보 45분. 긴테츠 나라역 2번 출구로 나가 정면으로 도보 27분. 다이부츠덴은 남대문에서 도보 5분
시간 남대문은 일출~일몰. 다이부츠덴 3월 08:00~17:00, 4~9월 07:30~17:30, 10월 07:30~17:00, 11~2월 08:00~16:30 입장료 500엔, 초등생 이하 300엔

니가츠도 二月堂

불당은 752년에 세워졌으나 화재로 소실되어 1667년에 도쿠가와 이에츠나의 도움으로 지금과 같이 재건된 일본의 국보다. 본존에는 큰 관음상과 작은 관음상인 십일면관음상을 모신다. 십일면관음상은 밀교에서 전래된 비불인 까닭에 승려들조차도 전체를 볼 수 없으며, 오직 큰 관음상의 뒷모습 일부만이 공개되어 있다. 매년 3월 1~14일 사이에 거행되는 설법 행사 '슈니에'는 11명의 승려가 십일면관음상 앞에서 집전을 시작하여 13일 새벽에 성수를 바치는 '미즈토리'로 절정을 이룬다.

본당으로 통하는 가파른 계단을 오르면 다이부츠덴을 바라볼 수 있는 난간이 나오는데, 이곳에 서야만 니가츠도의 진면목을 알 수 있다.

가는 방법 JR 나라역 동쪽 출구로 나가 왼쪽으로 도보 52분. 긴테츠 나라역 2번 출구에서 도보 38분. 다이부츠덴을 나가 왼쪽 산으로 도보 8분. 곳곳에 이정표 있음.
시간 3월 08:00~17:00, 4~9월 07:30~17:30, 10월 07:30~17:00, 11~2월 08:00~16:30 입장료 무료

카스가타이샤 春日大社

사슴을 신성하게 여기는 나라의 전통이 만들어진 사찰로, 710년에 황실로부터 신망이 두터운 후지와라 가문이 자신들의 조상을 위하여 세운 신사다. 1300년이 넘는 고고함이 그대로 느껴지는 경내는 신사 건축 양식으로 지어진 본전이 무척 화려하다. 이곳에는 약 2천여 개의 등롱이 있으며, 본전으로 통하는 길목에 빼곡하게 세운 등롱이 매우 인상적이다. 고대 일본의 노래집 〈만요슈〉에 등장하는 식물원 '카스가타이샤진엔', 매년 사슴의 뿔을 잘라주는 '로쿠엔', 말차향이 은은한 찻집에도 관심을 가져보자.

가는 방법 JR 나라역 동쪽 출구로 나가 왼쪽으로 도보 52분.
긴테츠 나라역 2번 출구로 나가 정면으로 도보 37분
시간 09:00~16:00 휴일 월요일 입장료 500엔
홈페이지 www.kasugataisha.or.jp

니시노쿄
西ノ京

나라 서쪽에 위치하기 때문에 니시노쿄라 부르는 지역이다. 유네스코 세계문화유산으로 등재된 헤이죠큐, 토쇼다이지, 야쿠시지가 있어 욕심을 내볼만한 곳이지만 전반적으로 교통이 불편하여 반나절은 필요하므로 시간이 많은 여행자에게만 권하고 싶다.

헤이죠큐 유적 平城宮跡

710년에 겐메이 천황이 '아스카'에서 헤이죠큐로 천도하면서 중심에 '태극전'을 짓고 도읍으로 정하였다. 이곳은 겨우 74년 동안의 도읍지에 불과하지만, 역사적으로 이 기간을 '나라시대'라고 부른다. 권위를 상징하기 위하여 중국 당나라 장안성을 모방하여 헤이죠큐로 통하는 '주작대로'를 사이에 두고 '좌경'과 '우경'으로 나눠 주거지를 만들었다.

태극전은 즉위식과 연회 만찬 등 국가 의식이 거행되는 건물이었으며, 약 10년에 걸친 복원작업을 통하여 2010년에 완공되었다. 1959년부터 40년간의 발굴 과정을 빠짐없이 보여주는 '유구 전시관', 1967년에 발굴한 자료를 토대로 'ㄱ'자 모양의 연못을 재현한 '토인 정원', 높이 20m 너비 25m의 '주작문', 너비 75m의 '주작대로', 헤이죠큐의 입구인 '라쇼몬' 등이 볼만하다. 유네스코 세계문화유산이다.

가는 방법 JR 나라역 동쪽 출구 앞 버스정류장 또는 긴테츠 전철 야마토사이다이지역에서 노선버스 12번을 타고 헤이죠큐세키 정류장 하차. 긴테츠 전철 야마토사이다이지역 북쪽 출구로 나가 오른쪽으로 도보 20분 시간 09:00~16:30
휴일 월요일, 연말연시 입장료 무료 홈페이지 나라문화재연구소 www.nabunken.go.jp/site/heijo.html

토쇼다이지 唐招提寺

![토쇼다이지 금당]

유네스코 세계문화유산으로 등재된 토쇼다이지는 당나라 고승 감진 鑑眞이 759년에 천황의 초청으로 일본에 건너와 토다이지에서 5년을 지낸 후에 제자들을 위해서 지은 사찰이다. 초기에는 강당, 경장, 보장 등이 있는 작은 사찰에 불과하였으나 그의 제자 뇨호가 8세기 후반에 헤이죠큐의 지원을 받아 금당과 강당을 지어 확장하였다. 다행스럽게도 금당과 강당은 전란에도 훼손되지 않고 원형이 보존된 건물이다. 본존 중앙에는 미륵불인 여사나불 좌상, 왼쪽에 천수관음상, 오른쪽에 약사여래를 모시고 있다.

가는 방법 긴테츠 전철 니시노쿄역 동쪽 출구로 나가 왼쪽으로 도보 8분, 또는 노선버스 63, 70, 72번 토쇼다이지 정류장 하차   시간 08:30~17:00   입장료 600엔, 중고생 400엔, 초등생 200엔
홈페이지 www.toshodaiji.jp

야쿠시지 藥師寺

유네스코 세계문화유산인 야쿠시지는 680년에 텐무 천황이 황후의 병환이 나을 수 있도록 기원하기 위하여 지은 사찰이다. 본래는 아스카에서 창건되었으나 헤이죠

큐 천도로 718년에 지금의 장소로 옮겨졌다. 이후 금당, 동탑, 서탑, 강당 등을 갖춘 규모가 큰 사찰로 번창하였으나 1528년 내전으로 동탑만 남고 모두 소실되었다. 1971년에 금당, 1981년에 서탑, 1984년 중문, 2003년에 대강당이 차례로 복원되었다.

고고함을 보여주는 동탑은 2010년부터 해체하여 보수공사에 들어갔으며, 2020년에야 공개될 예정이어서 당분간 고찰의 느낌은 얻기 어려울 것 같다.

가는 방법 긴테츠 전철 니시노쿄역 동쪽 출구로 나가 정면으로 보이는 건널목에서 왼쪽으로 도보 2분, 또는 노선버스 63, 70, 72번 야쿠시지 정류장 하차 도보 3분 시간 08:30~17:00
입장료 800엔, 중고생 700엔, 초등생 300엔 홈페이지 www.nara-yakushiji.com

신이 허락한 명산
고야산 高野山

고야산은 하나의 산이 아니고 와카야마 현에 있는 일본 불교 진언종의 성지인 약 1000m 높이에 있는 험준한 산악지대 전체를 말한다. 819년경에 당나라에서 불교와 밀교를 공부하고 돌아온 홍법대사에게 사가 천황이 고야산 일대에서 수행을 허락하며 조성된 진언종의 성지다. 진언종의 본존인 대일여래상을 모시는 단죠가란을 중심으로 진언종의 총본산이 된 콘고부지 사찰을 비롯하여 117개의 절이 산 여기저기에 분산되어 있는 종교도시다. 그중 50여 사찰은 숙식을 제공하는 템플스테이 슈쿠보를 겸하고 있다.

현재 고야산 돌길과 산내 6개의 건물이 유네스코 세계문화유산으로 등재되어 있기 때문에 간사이 여행 중에 욕심을 내서 들러봄 직하다. 오사카에서 고야산까지 단번에 갈 수 있는 교통편은 없고 왕복 4시간 가까이 소요되기 때문에 당일코스로 여행을 계획한다면 늦어도 아침 7시경에는 난카이 남바역을 출발하자. 돌아올 때는 고야산에서 오후 4시경에 하산하는 케이블카를 타는 것이 좋다. 또한 고야산 일대는 쇼핑이나 식도락과는 거리가 먼 곳이니 오사카를 출발하면서 도시락, 간식 등을 준비하자.

가는 방법 난카이 남바역 1~4번 홈에서 출발하는 고쿠라쿠바시 고야산행 특급은 80분(1350엔), 쾌속급행으로 100분(850엔)이 소요된다. 이어서 고쿠라쿠바시역에서 케이블카로 갈아탄 다음 고야산역까지 5분(380엔)이다. 만약 고쿠라쿠바시 고야산행 전철이 없을 경우는 같은 홈을 출발하는 하시모토행 급행을 타고 하시모토역까지 간 다음(55분 소요), 하시모토역에서 고쿠라쿠바시행으로 갈아타면 된다(45분 소요).

고야산
高野山

고야산역에 도착하면 도보로만 여행할 수 없는 지역이므로 역 앞 노선버스 정류장에서 2번 또는 3번선을 이용하여야 한다. 버스를 3회 이상 이용한다면 '1일 패스(800엔)'가 경제적이며, 간사이 스루 패스는 그대로 사용할 수 있다.
고야산역 노선버스 3번선은 다이몬-단죠가란-콘코부지 여행에 이용하고, 2번선은 오쿠노인 참배로-오쿠노인-도쿠가와 가문 영묘-여인당 여행에 이용한다.

다이몬 大門

지금과 같은 자동차도로가 생기기 전에는 고야산으로 들어가는 정문이었다. 1705년에 도쿠가와 츠나요시가 높이 25m의 2층 누각을 완공하였다. 처마에 빨강, 파랑, 노랑의 물결무늬를 그려 넣고, 꽃, 학, 잉어도 조각하였다. 문 양쪽에는 인왕상을 세워 사악한 기운이 들지 못하게 만들었다. 다이몬은 1965년에 국가 중요문화재로 지정되었으며, 1984년 대대적인 보수공사를 하였다.

가는 방법 고야산역 앞 3번 정류장에서 다이몬 행 버스(16분 소요) 종점 하차

단죠가란 壇上伽藍

당나라 유학을 마치고 돌아온 홍법대사가 사가 천왕의 후원으로 816년부터 이곳에 가람을 짓기 시작하였으나 험한 산세로 인하여 실제로는 11세기에 들어서 가람다운 면모를 갖추었다. 단죠가란 한가운데에 위치한 주홍색의 근본대탑은 1937년에 문헌에 의존하여 복원한 것이다. 높이 48.5m의 탑 안으로 들어가면 진언종의 본존인 대일여래상이 있고, 16개의 기둥에 각각 보살상을 그려 밀교의 만다라를 표현하였다. 국보로 지정된 부

동명왕이 본존인 부동당은 1197년에 지은 것으로 고야산에서 가장 오래된 건물이다. 서탑은 1834년에 재건한 것으로 고야산 전체의 주요 종교행사를 거행하는 곳이며, 단쵸가란 전체가 유네스코 세계문화유산으로 등재되었다.

가는 방법 고야산역 앞 3번 정류장에서 다이몬행 버스로 콘도마에 정류장 하차, 또는 2번 정류장에서 오쿠노인마에행 버스로 센쥬인바시 정류장 하차 도보 5분 시간 경내 일출~일몰, 근본대탑은 08:30~16:30
입장료 경내 무료. 금당/근본대탑은 200엔

콘고부지 金剛峯寺

유네스코 세계문화유산으로 등재된 진언종 사찰의 고야산 총본산이다. 본래 콘고부지는 고야산 전체의 사찰을 의미하였으나 1869년에 정치적으로 고야산 사원들을 정리, 합병하면서 지금과 같은 형태로 분리되었다. 1593년에 도요토미 히데요시가 지은 주전은 1863년에 재건된 것으로 역대 천황과 진언종 방장의 위패가 놓여 있다. 경내에 있는 약 700평 규모의 아름다운 정원 '반류테이'가 볼만하다.

가는 방법 고야산역 앞 3번 정류장에서 다이몬행 버스로 콘고부지마에 정류장 하차, 또는 2번 정류장에서 오쿠노인마에행 버스로 센쥬인바시 정류장 하차 도보 3분 시간 08:30~16:30 입장료 500엔

오쿠노인 奥の院

이치노하시에서 오쿠노인 참배로를 따라 약 2km를 들어가면 진언종의 창시자인 홍법대사의 묘역이 있는 '오쿠노인 코보다이시고묘'가 나온다. 오쿠노인 참배로 양쪽에는 아름드리 삼나무 사이로 황실, 다이묘, 승려 등의 묘와 등롱 20만 기가 세워져 있다. 전국시대의 명장 오다 노부나가, 도요토미 히데요시와 같은 인물이 홍법대사가 입적한 오쿠노인에 묘를 쓴 것에 영향을 받아 '극락왕생'을 기원하는 사람들이 이곳에 묘를 만든 것이다. 기록에 의하면 전국 다이묘의 60%가 이곳에 묘를 썼다고 한다. 참배로에는 여러 모양의 지장보살이 있고, 소원을 들어준다는 오쿠노인 7대 불가사의 중 하나인 '미륵석'이 있으니 소원을 빌어보자.

가는 방법 고야산역 앞 2번 정류장에서 오쿠노인마에행 버스로 오쿠노인마에 정류장 하차 시간 : 일출~일몰

도쿠가와 가문 영묘 德川家靈廟

세계문화유산인 닛코의 도쇼구를 건립한 도쿠가와 이에미츠가 1643년에 가장 존경했던 할아버지 도쿠가와 이에야스와 2대 장군 히데타다를 위하여 조성한 묘역이다. 본래는 타이토쿠인 사찰의 일부였으나 1869년의 사찰 통합으로 묘지만 남게 되었다. 묘소는 작지만 화려하게 금박을 입혔으며 처마에 섬세한 조각을 다양하게 새겨 넣었다.

여인당 女人堂

19세기 말까지 고야산은 여인들의 출입을 일체 허락하지 않고 통제하였는데, 참배 목적에 한하여 이곳 여인당까지만 접근을 허락하였다. 20세기 근대화 과정에 이곳을 제외한 여인당은 모두 철거되었다.